Séléna Bernard



# MARKETING ET COMMERCIALISATION DU LIVRE

Édition, distribution, promotion :
le guide pratique



DUNOD

Éditorial : Delphine Levêque et Églantine Assez
Couverture : Léa Coma, Studio Dunod
Fabrication : Martine Pierron
Mise en pages : Nord Compo




11 rue Paul Bert, 92240 Malakoff
www.dunod.com
ISBN : 978-2-10-086937-4

# Sommaire

## PARTIE 2. LE MARKETING DU LIVRE

# Introduction

**Le livre est une œuvre sociale et un défi commercial.**

Bienvenue dans le monde fascinant de l'édition et de la commercialisation du livre, un univers où l'art de la création rencontre les réalités économiques d'une industrie en constante transformation. On parle souvent du livre comme d'un objet culturel précieux, porteur de savoir et d'imaginaire, entouré de mystères et de fantasmes sur sa création. Pourtant, derrière cette image, le livre reste un produit. Un produit culturel, certes, mais soumis aux dynamiques du marché, aux attentes des lecteurs et aux évolutions technologiques.

Cette dualité entre l'œuvre artistique et le bien de consommation est au cœur des enjeux de l'édition. Mais loin de les opposer, je suis convaincue qu'il est possible de les réconcilier. Car le marketing, bien pensé, n'écrase pas la créativité : il lui donne les moyens de rayonner, de trouver son public et, parfois, de transcender son époque.

## Une industrie en évolution constante

L'histoire de l'édition est marquée par des innovations majeures qui ont redéfini cette dernière. L'industrialisation du livre ou encore le numérique, ont bouleversé la manière de produire, promouvoir et consommer les livres. Aujourd'hui, l'autoédition, les plateformes numériques et les réseaux sociaux ont ajouté de nouvelles dimensions à l'industrie. Ils permettent aux auteurs de se connecter directement à leurs lecteurs, mais aussi de tester de nouvelles approches. Ces évolutions, bien que parfois perçues comme des menaces, sont en réalité des opportunités pour repenser la façon dont nous valorisons les œuvres et leur marketing.

## Le livre, miroir des époques et des sociétés

Au-delà de sa fonction commerciale, le livre est un témoin privilégié des aspirations, des rêves et des contradictions de nos sociétés. Chaque couverture, chaque collection, chaque campagne marketing nous raconte une histoire sur les lecteurs et sur l'époque dans laquelle ils évoluent. Prenons par exemple les vieux livres Harlequin des années 1970 et 1980, avec leurs titres évocateurs comme *The Convenient Bride* ou leurs collections thématiques. Ces romans populaires, aux couvertures pastel aujourd'hui délicieusement kitsch, témoignent des clichés, des injonctions sociales, mais aussi des désirs et des aspirations de leur époque.

Harlequin, d'ailleurs, était un précurseur en matière de marketing : ses clubs de lecture, ses bons de réduction et ses éditions thématiques répondaient à un lectorat précis, tout en modelant ses attentes. Ce type d'approche marketing démontre à quel point la commercialisation d'un livre va bien au-delà de sa simple vente et à quel point il est important de rejoindre le lecteur.

## Un guide pour comprendre et agir

Ce manuel s'adresse à toutes celles et ceux qui veulent mieux comprendre les rouages de cette industrie fascinante. Qu'on soit étudiant en édition, auteur aspirant à percer, ou professionnel cherchant à affiner ses stratégies, cet ouvrage propose des clés pour naviguer dans un univers à la fois créatif et stratégique.

À travers des analyses, des études de cas et des témoignages, cet ouvrage explore comment le marketing peut accompagner les œuvres dans leur voyage jusqu'aux lecteurs. Loin d'être une contrainte, c'est un outil qui, bien utilisé, enrichit le livre et permet de lui donner une vie au-delà des pages.

Je crois profondément que le marketing est une science sociale. Il reflète les désirs, les besoins, et les comportements des lecteurs tout en influençant la manière dont nous percevons les œuvres. Il s'agit d'une discipline passionnante, car elle nous apprend autant sur les livres que sur les sociétés dans lesquelles ils s'inscrivent.

## Entre art et stratégie, une industrie passionnante

L'édition, plus que jamais, se situe à la croisée des chemins. Elle doit relever des défis de rentabilité et d'innovation tout en préservant la richesse et l'authenticité des œuvres. Cet ouvrage est une invitation à explorer cet équilibre fragile mais essentiel, à comprendre comment l'art et la stratégie peuvent se compléter pour donner naissance à des projets ambitieux et mémorables.

Alors, plongeons ensemble dans cet univers où chaque livre raconte une histoire, tout en relevant les défis de son évolution.

Bonne lecture et exploration !

# Avant-propos

Avant d'entrer dans le vif du sujet, je tiens à préciser que cet ouvrage se concentre exclusivement sur le marché du livre neuf, qu'il soit imprimé ou numérique. Nous ne traiterons donc pas ici des ventes d'ouvrages d'occasion, bien que ce segment soit lui aussi en pleine expansion et mériterait une analyse approfondie.

Pour se rendre compte des chiffres, selon le Rapport d'activité « L'édition en perspective » du Syndicat national de l'édition (SNE) de 2023-2024 : le marché du livre d'occasion représente en effet une part croissante des ventes, pouvant atteindre à priori 20 % des ventes de livres en France en 2022, pour un chiffre d'affaires estimé à 351 millions d'euros, ce qui est énorme.

Cette filière du livre parallèle représente aujourd'hui un défi majeur pour l'écosystème du livre dans son ensemble dont le chiffre d'affaires repose entièrement, excepté pour les libraires et revendeurs de livres d'occasion, sur la vente de livres neufs.

Vu l'importance croissante du sujet, il ne serait pas étonnant qu'une législation entre en vigueur un jour pour répondre aux inquiétudes d'une grande majorité de la profession.

# PARTIE 1

# LA COMMERCIALISATION ET LA CHAÎNE DU LIVRE

Avant d'explorer le marketing du livre et ses nombreuses facettes, il est essentiel de comprendre les bases de la commercialisation et le rôle fondamental des différents acteurs de la chaîne du livre. Le livre nécessite une mise en marché réfléchie qui repose sur une collaboration entre éditeurs, distributeurs, libraires et autres intervenants clés. Comprendre la dynamique entre ces acteurs est une étape incontournable pour appréhender l'écosystème du livre dans son ensemble.

La commercialisation a pour objectif principal de s'assurer que chaque titre soit stratégiquement positionné dans les bons lieux de vente et en quantité adaptée, afin de maximiser ses chances de rencontrer son public. Ce travail, bien que souvent invisible pour les lecteurs, est crucial pour garantir que les livres puissent être découverts, achetés et surtout lus.

# CHAPITRE 1

# Auteurs et créatifs, les bases de l'œuvre

## Points clés

- **La création, premier maillon essentiel : avant d'être un produit commercialisé, le livre est une idée née de la vision et de la passion de ses créateurs.** Auteurs, traducteurs, illustrateurs et même *ghostwriters* sont au cœur du processus créatif, posant les bases de toute l'industrie.
- **Dans l'édition contemporaine, le rôle de l'auteur évolue en dehors de sa sphère de création** en élargissant son travail à celui de sa propre promotion, notamment avec l'essor des réseaux sociaux et en intégrant la production et la commercialisation dans le cadre de l'autoédition.
- **Les créateurs sont une gamme de métiers très différents et parfois invisibles.** Qu'il s'agisse des traducteurs, véritables passeurs culturels, ou des illustrateurs, créateurs d'identités visuelles fortes, chaque acteur apporte une dimension unique à la création et au succès des œuvres, influençant leur attractivité et leur rayonnement.
- **L'intelligence artificielle ouvre de nouvelles perspectives dans le processus créatif** tout en soulevant des questions éthiques et juridiques. Ces technologies, bien qu'innovantes, ne remplacent pas l'intention et l'émotion propres à la création humaine.

# AVANT-PROPOS SUR LES CRÉATIFS DANS L'ÉDITION

Avant de devenir un objet vendu en librairie, un livre est une idée et une vision que son créateur souhaite partager avec le monde. Que l'on parle de fiction ou de non-fiction, d'un roman, d'un recueil de nouvelles, d'un livre illustré, pratique ou même d'une traduction (souvent oubliée lorsqu'on évoque les créateurs), tout part toujours d'un processus créatif. Il est essentiel de rappeler que sans cette étape initiale de création il n'y aurait tout simplement pas de livre à commercialiser.

Et pourtant, ironiquement, l'auteur – ce maillon indispensable – est souvent l'acteur le moins valorisé de l'industrie du livre. C'est pour cette raison qu'en tant que coach stratégique pour auteurs et autrices, j'ai à cœur d'aider les créateurs à appréhender les dimensions commerciales et marketing de l'édition, tout en développant une compréhension fine de son écosystème et de ses rouages. Aujourd'hui, un auteur ne peut plus se contenter d'écrire : il doit envisager sa carrière avec une vision stratégique, en intégrant la promotion, la publication et l'évolution des modèles éditoriaux à son parcours.

À l'ère où l'autopublication et les innovations technologiques redéfinissent les opportunités, il devient crucial de se former, de s'entourer des bons partenaires et d'adopter une posture professionnelle afin de faire les bons choix. C'est en développant ces compétences que les auteurs peuvent bâtir une carrière pérenne et s'imposer comme des acteurs à part entière de l'industrie du livre.

Dans le monde de l'édition, la création ne se cantonne pas uniquement aux mots ni aux auteurs. De nombreux autres créateurs – sous-estimés voire carrément oubliés – gravitent dans cette sphère et participent activement à la création d'une œuvre et même du livre en tant que produit.

Nous verrons par ailleurs, dans la partie II dédiée au marketing, que le rôle de l'auteur est de plus en plus impliqué, notamment dans le marketing, ce dernier se devant de prendre part entièrement dans sa promotion.

# L'AUTEUR, PREMIER MAILLON DE LA CRÉATION

L'auteur, qu'il travaille seul ou entouré de cocréateurs, est celui qui donne vie à une œuvre littéraire. À partir d'une simple idée, il parvient à la rendre tangible, en la couchant sur le papier. Il est le premier artisan du texte : en fiction, il structure l'histoire, façonne les personnages et bâtit des univers complets. En non-fiction, il partage son expertise, son vécu, sa méthode, son savoir ou ses réflexions.

Il est intéressant de noter que le rôle de l'auteur a considérablement évolué au sein de l'édition contemporaine. Aujourd'hui, celui-ci est bien plus qu'un simple créateur, il est aussi le premier ambassadeur de son livre, en particulier avec l'essor des réseaux sociaux et la nécessité de développer des communautés. Il y a encore quelques années, l'implication de l'auteur dans la promotion se limitait souvent à ce que l'éditeur organisait : des dédicaces, des salons, des interviews. Tout passait par l'intermédiaire de sa maison d'édition. Aujourd'hui, l'auteur doit s'investir bien au-delà de l'écriture. Que ce soit pour l'édition traditionnelle ou l'autoédition, il doit se mobiliser activement dans la communication et même dans la commercialisation du livre. Cela fait de lui un véritable acteur de la chaîne du livre, bien au-delà de son rôle de créateur.

## Le rôle discret mais crucial des *ghostwriters*

Quand on parle d'auteur et de créateur il est important de spécifier que tous les auteurs ne sont pas sous les projecteurs dans l'édition. Il y a une catégorie d'auteur invisible qui joue pourtant un rôle clé dans l'industrie : les *ghostwriters*, ou écrivains fantômes. Ils se cachent derrière des bestsellers signés par des célébrités, des influenceurs, des entrepreneurs de renom, ou encore des personnalités politiques. (Pensez-vous réellement que toutes ces personnes-là écrivent réellement dans les faits leurs livres ?). Certains auteurs établis (et dont certains bestsellers internationaux) passent également par des écrivains fantômes.

Ces écrivains de l'ombre – appelés autrefois péjorativement et dans un racisme systémique des « nègres littéraires » – sont invisibles mais sont pourtant liés à l'écriture d'une grande partie des livres que vous lisez sans le savoir et qui caracolent dans le top des ventes de livres. En effet, même s'il n'existe pas un nombre précis et officiel – le sujet étant particulièrement sensible et confidentiel – la réalité du recours aux écrivains fantômes est indéniable dans l'édition francophone. Loin d'être un phénomène marginal, cette pratique est solidement ancrée, en particulier dans la littérature grand public et dans l'édition d'ouvrages dits commerciaux. Armelle Brusq estimait en 2010 qu'un tiers des ouvrages en France auraient une « paternité peu claire » par rapport au nom de l'auteur cité sur la couverture de l'ouvrage[1]. Pourtant, ce chiffre reste difficile à confirmer, tant le recours aux écrivains fantômes s'opère sous le sceau de la confidentialité. Selon une étude de l'Association of Ghostwriters[2], près de 60 % des livres écrits par des célébrités aux États-Unis seraient en réalité rédigés par des écrivains fantômes. Ce travail méconnu est essentiel pour l'industrie du livre.

Cela illustre à quel point ces créateurs discrets sont présents, même si leur nom n'apparaît jamais sur la couverture. Des clauses de confidentialité sont d'ailleurs quasi systématiquement signées, empêchant toute révélation sur leur participation. Son travail est un exercice de commande exigeant et ce métier demande une grande capacité d'adaptation et une maîtrise de la narration et de son écriture pour se faire passer pour quelqu'un d'autre et répondre aux cahiers des charges et contraintes de la personnalité et de l'éditeur, tout en acceptant de ne jamais être crédité publiquement. Ce rôle discret est en réalité un pilier de l'industrie, garantissant une production de qualité.

## Les coauteurs

Dans certains cas, l'écrivain fantôme est promu au rôle de coauteur, lorsque le nom de cette dernière figure aux côtés de celui de la célébrité pour qui il a écrit (souvent en plus petit).

En somme, qu'ils soient visibles ou invisibles, les auteurs sont des acteurs indispensables à l'écosystème du livre puisqu'ils sont à la base de l'œuvre puis du produit livre.

1. « Nègres littéraires, écrivains fantômes : ces auteurs qui écrivent pour les autres », *ActuaLitté*, 2016.

2. « Ghostwriting Industry Report », 2023.

## L'importance des traductions dans la création littéraire

On aurait donc tort de penser que le travail de création se limite aux seuls auteurs. En effet, dans l'édition il existe d'autres métiers et rôles qui restent souvent invisibles au grand public comme l'apport des traducteurs, essentiel, bien qu'ils soient souvent relégués dans l'ombre. Ce dernier joue un rôle crucial dans la chaîne du livre et notamment dans la transmission des œuvres à travers différents pays aidant à transcender les frontières linguistiques et culturelles faisant découvrir des œuvres, des univers et des auteurs à de nouveaux lectorats. Car oui, même si la traduction peut sembler être une simple transposition d'un texte d'une langue à une autre, c'est en réalité un exercice hautement créatif et technique. Le traducteur ne se contente pas de traduire mot à mot ; il doit saisir l'essence du texte original, respecter l'intention de l'auteur et l'adapter pour un nouveau lectorat, dans un contexte culturel différent. C'est un véritable travail d'adaptation culturelle qui se doit en plus de respecter autant que possible le style de l'auteur. Il est donc, à bien des égards, un véritable cocréateur, une sorte de second auteur qui façonne l'œuvre pour une autre culture.

> ***Exemple :*** *Le travail d'orfèvre du traducteur d'*Harry Potter
>
> Jean-François Ménard, le traducteur de la série *Harry Potter*, a réalisé un incroyable travail remarquable d'imagination et d'adaptation par rapport à l'œuvre originale écrite en anglais. Il a su recréer les jeux de mots et adapter de nombreux termes et noms propres pour les rendre naturels en français. Ses choix furent repris par la suite dans toutes les adaptations de l'univers (les noms des différentes maisons en sont un parfait exemple). Ce travail d'adaptation a façonné l'imaginaire collectif et a contribué au succès phénoménal de la série en langue française.

## L'illustrateur : des images pour des mots

Les illustrateurs jouent un rôle essentiel et souvent sous-estimés dans la création d'une œuvre et plus largement d'un livre apportant une identité visuelle unique aux créations qu'ils créent. Ce sont de véritables créateurs à part entière.

On peut d'ailleurs distinguer plusieurs types de contributions dans la conception d'une œuvre. D'un côté, il y a la cocréation à parts égales dans le cas d'un livre illustré où auteurs et illustrateurs travaillent ensemble sur l'œuvre dans sa globalité. De l'autre, il y a des apports spécifiques, comme l'illustration de couverture qui relève du marketing du livre (*voir* chapitre 4).

> ***Exemple :*** *Les illustrateurs, stars des réseaux sociaux*
>
> Avec l'essor de BookTok, certains illustrateurs deviennent des figures clés du succès des livres. Magdalena Pagowska, alias *len-yan,* est l'illustratrice du roman *Dark Rise* de C. S. Pacat et a su séduire les réseaux sociaux avec son style unique. Sollicitée pour réillustrer d'autres œuvres de l'autrice, sa popularité atteste de l'impact des illustrateurs dans la promotion des livres. Leur identité visuelle forte transforme un livre en objet d'art, renforçant son attrait, surtout lorsqu'ils maîtrisent les réseaux sociaux.

## *L'impact de l'intelligence artificielle sur la création humaine et l'édition*

L'intelligence artificielle joue un rôle croissant dans l'industrie du livre, transformant les processus créatifs et les métiers qui y sont liés. Que ce soit pour brainstormer, coécrire des textes ou générer des visuels, des outils comme ChatGPT et Midjourney ouvrent de nouvelles perspectives tout en soulevant des inquiétudes. Si certains créateurs la perçoivent comme un partenaire inspirant, d'autres craignent une menace pour la créativité humaine et la professionnalisation.

Il est important de comprendre que l'intelligence artificielle générative est essentiellement un amalgame intelligent de textes, d'images, de sons et de données déjà existants recomposés pour fournir la meilleure réponse à un prompt donné. Elle mélange donc, réarrange et fusionne ces éléments pour créer quelque chose qui paraît inédit, alors qu'en réalité, il s'agit d'une recombinaison de ce qui existe déjà. Plusieurs utilisations peuvent être faites dans l'art et la création, là où l'IA peut être un outil précieux pour organiser son travail, faire des recherches ou reformuler certaines choses, elle peut également «créer» (ou en donner l'impression). Deux questions fondamentales se posent dès lors avec cette technologie impactant les créateurs :

- Comment protéger les créateurs initiaux et obtenir une traçabilité des œuvres utilisées ?

L'IA se nourrissant de créations préexistantes comment retracer d'où proviennent ces données initiales et ainsi garantir à ses auteurs originaux, dont le travail sert à générer de nouvelles œuvres, de toucher des droits d'auteur et d'être crédités ? Ou ne serait-ce que d'être informés que leurs œuvres originales ont servi dans le cadre d'une autre œuvre ? Ce point soulève d'importantes questions éthiques et juridiques, car la rémunération et la reconnaissance des créateurs semblent mises à mal par l'utilisation de leurs œuvres et qui plus est se fait à leur insu et sans leur consentement explicite.

- Une œuvre générée par une IA peut-elle appartenir à quelqu'un ?

La seconde question majeure concerne les œuvres entièrement créées par une intelligence artificielle. Qui peut en revendiquer la paternité ? En l'état actuel des législations, en France et dans la majorité des pays, la propriété intellectuelle est exclusivement réservée aux créations humaines. Cela signifie qu'un texte, une image ou toute autre œuvre générée par une IA n'est pas éligible à une protection par le droit d'auteur.
Les États-Unis ont déjà statué sur cette question dans plusieurs cas concrets. Par exemple, l'Office américain du droit d'auteur a retiré la protection initialement accordée à Kris Kashtanova, artiste américaine ayant illustré son livre *Zarya of the Dawn* avec l'IA Midjourney. Les autorités ont estimé que seules les créations issues de l'esprit humain pouvaient bénéficier du droit d'auteur[1].

Les régulations autour de l'IA évoluent donc à une vitesse fulgurante, ce qui signifie que ce que je suis en train d'écrire, en mars 2025, pourrait rapidement devenir obsolète dans les mois à venir. De nouvelles lois et ajustements sont à prévoir pour tenter d'encadrer cette technologie en pleine expansion.
En Europe, l'AI Act (*ou Règlement sur l'intelligence artificielle de l'Union européenne*) adopté en 2023 vise à imposer plus de transparence et un encadrement strict de l'utilisation de l'IA sur le territoire européen.
Au Québec et au Canada, les discussions sont toujours en cours et le cadre juridique reste à définir. La Cour fédérale canadienne a été saisie pour statuer sur la propriété des œuvres générées par IA, signe que ces questions ne sont pas près d'être tranchées de manière définitive.

Dans l'édition, des scandales récents ont révélé que certains salons du livre et certains éditeurs ont utilisé des images ou couvertures créées par IA. Des livres autoédités ont également été entièrement écrits par une intelligence artificielle, là ou de plus en plus d'auteurs décident de recourir à des couvertures et des illustrations faites par des AI. Ce contexte met en lumière les tensions actuelles et la nécessité de revoir la législation qui, sans doute, évoluera très rapidement dans les années à venir.

1. « US Copyright Office Rules AI-generated Artwork, Content Not Legally Protected », *The Hill*, 2023.

Des rapports de l'association Illustration Québec et du Conseil supérieur de la propriété littéraire et artistique (CSPLA) mettent en lumière ces tensions. L'IA est à la fois source d'opportunités, comme l'exploration de nouvelles voies narratives, et de préoccupations, notamment autour de la propriété intellectuelle et de la déshumanisation du processus créatif[1].
Malgré ses capacités impressionnantes, l'IA reste un outil artificiel. Elle ne remplacera jamais l'émotion, l'intention et la vision d'un créateur humain. Nous ne sommes qu'au début de cette révolution technologique et il est impératif de l'encadrer juridiquement et éthiquement pour garantir une coexistence respectueuse avec la création humaine. L'avenir nous montrera comment ces mondes pourront s'enrichir mutuellement[2].

## La rémunération des créateurs

Dans l'édition, la rémunération des créateurs repose sur un système de pourcentage appliqué au prix de vente hors taxes (HT) des livres. Cela signifie que chaque acteur impliqué dans la chaîne du livre – créateur, éditeur, diffuseur et distributeur, points de vente – perçoit une part définie du chiffre d'affaires généré par les ventes (*voir* chapitre 5).

Les auteurs touchent généralement entre 6 % et 15 % du prix de vente HT[3], souvent fixé autour de 10 % en moyenne. Ce pourcentage est souvent progressif par palier : par exemple, 8 % sur les 5 000 premiers exemplaires, puis 12 % au-delà. Les auteurs bénéficient aussi fréquemment d'une avance sur droits d'auteur, appelée à-valoir, versée avant la publication. Cette somme est déduite des futures ventes, mais elle n'est jamais remboursable si les objectifs ne sont pas atteints.

Il peut y avoir des auteurs qui sont rémunérés au fixe, notamment certains *ghostwriters*. Je ne recommande cependant pas ce type de rémunération seul.

1. Azzi T. et Sirinelli P., *Rapport de mission sur les faux artistiques*, (présenté au Conseil supérieur de la propriété littéraire et artistique), ministère de la Culture, décembre 2023.

2. « L'illustration et l'intelligence artificielle : Miracle ou Mirage ? », *Illustration Québec*, novembre 2024.

3. Source : *desdroitsdesauteurs.fr*

Les illustrateurs et traducteurs, selon leur rôle dans le projet, perçoivent soit une rémunération forfaitaire, soit un pourcentage sur les ventes. Par exemple :

- les illustrateurs de couvertures reçoivent généralement un paiement fixe ;
- les illustrateurs de livres illustrés partagent parfois un pourcentage des ventes avec l'auteur ;
- les traducteurs, particulièrement dans la fiction, obtiennent souvent une avance et un pourcentage sur les ventes.

Le prix de vente d'un livre est partagé entre tous les acteurs impliqués, ce qui explique pourquoi les auteurs perçoivent environ 10 % en moyenne. Ce modèle garantit une rémunération de chaque intervenant dans la chaîne de création et de production. Si par exemple le prix du livre est de 20 euros HT, alors pour chaque titre vendu l'auteur touchera deux euros, jusqu'à un autre palier...

Ce système, bien que parfois critiqué, est au cœur de l'industrie du livre. Comprendre son fonctionnement permet aux auteurs et autres créateurs de négocier des contrats équitables tout en reconnaissant leur rôle essentiel dans l'écosystème de l'édition. Et j'insiste sur ce point, chaque contrat se *négocie* en théorie.

Les créateurs dans leur globalité, qu'ils soient auteurs, traducteurs, illustrateurs (visibles ou non) sont des acteurs clés de l'industrie du livre. Leur imagination, leur travail acharné et avant tout leur passion permettent à une idée de devenir une œuvre, puis un produit en tant que tel qui sera commercialisé par les autres acteurs du livre. Sans eux, il n'y aurait tout simplement pas de livres. Ils méritent donc une reconnaissance particulière, même si certains ne sont pas toujours estimés ni remerciés à leur juste valeur. Comprendre leur rôle et leur contribution est essentiel pour mieux saisir cette industrie. Une fois le processus créatif achevé, il va falloir que l'œuvre passe par le stade de la production pour celle-ci devienne, comme le nom l'indique, un produit tangible (ou non) et commercialisable.

# CHAPITRE 2

# L'édition ou la production, transformer une œuvre en produit

## Points clés

- **Les maisons d'édition assurent la transformation d'un manuscrit en un livre commercialisable**, en gérant production, marketing, communication et logistique.
- **Elles équilibrent l'aspect artistique des œuvres et leurs enjeux commerciaux** pour optimiser leur attrait et leur succès auprès du lectorat.
- En complément, des métiers méconnus comme les agents littéraires, apporteurs d'affaires et scouts permettent de **dénicher et de développer des projets prometteurs** pour les éditeurs.
- **Ce chapitre offre une vision globale des rôles et responsabilités des éditeurs et des acteurs qui les entourent**, avant de s'intéresser au rôle crucial de la diffusion dans la chaîne du livre.

# LA MAISON D'ÉDITION : UN RÔLE CENTRAL ET MULTIDIMENSIONNEL

La maison d'édition joue un rôle central, reliant production, marketing, communication et logistique pour transformer un manuscrit en livre prêt à être commercialisé. L'éditeur, garant de cette transformation, doit trouver un équilibre entre l'aspect artistique de l'œuvre et ses enjeux commerciaux. Son savoir-faire vise à rendre le livre attractif et adapté à son lectorat, tout en déployant une stratégie de promotion efficace pour atteindre son public cible.

## Les tâches allouées à l'éditeur

L'éditeur acquiert les droits d'un manuscrit – ou commande un ouvrage – en signant un contrat d'édition avec l'auteur. Son travail consiste aux tâches suivantes :

- le travail éditorial (direction, editing, révision et correction) ;
- la gestion des droits d'auteur ;
- la fabrication (conception, mise en page, production en divers formats et impression pour la version papier) ;
- le travail marketing sur l'œuvre et sa conception en tant que produit ;
- la présentation des titres et du planning éditorial aux diffuseurs et à leurs représentants (création de fiches argumentaires, etc.) ;
- la mise en place du plan de communication, incluant la presse, la gestion des communautés sur les réseaux sociaux, etc.

**CAS D'ÉDITION**

*Le processus de sélection de manuscrits*

Comme j'aime souvent le rappeler aux auteurs que j'accompagne, l'édition est en un processus subjectif, que ce soit dans la sélection des manuscrits (un refus n'indique pas nécessairement un manque de qualité, et le même manuscrit aurait peut-être été publié dix ans plus tôt ou plus tard), dans la direction éditoriale apportée au texte, ou dans la conception du livre en tant que produit. La maison d'édition va prendre des décisions qui reposent avant tout sur son expertise, son lectorat cible et type, le positionnement de sa marque (style graphisme, format type, ses labels et collections, etc.) et le budget qu'elle aura alloué en fonction du potentiel commercial qu'elle aura décelé (combien d'exemplaires elle souhaite et prévoit de vendre par exemple) aussi bien dans l'auteur que dans l'œuvre elle-même.

## L'évaluation du potentiel commercial d'une œuvre

En matière de marketing et de communication, la maison d'édition commence par évaluer le potentiel du titre. Son objectif est de maximiser les ventes en ciblant le bon lectorat. Elle élabore ensuite un plan marketing, qui inclut des éléments stratégiques (collection, format, design du livre, prix de vente, etc.) et des actions opérationnelles (présentation aux diffuseurs, campagnes de communication, lancement du livre, événements promotionnels, etc.). Une bonne stratégie marketing permet d'optimiser la visibilité et les ventes du livre auprès des publics les plus pertinents.

## Le cas de l'autoédition

Dans le cas de l'autoédition, toutes ces responsabilités incombent à l'auteur, d'où l'importance pour ce dernier de développer des compétences solides dans ces domaines. Écrire un livre est une belle réalisation, mais il serait dommage qu'il ne trouve pas son public faute de connaissances sur ces métiers et leurs réalités, ce qui arrive malgré tout régulièrement.

# L'AGENT, L'APPORTEUR D'AFFAIRES ET LE SCOUT

Les agents littéraires, les apporteurs d'affaires et les scouts jouent un rôle essentiel dans l'écosystème de l'édition. Ces métiers, souvent méconnus, sont au cœur de la découverte de talents et de la mise en relation entre auteurs et éditeurs. Les agents accompagnent les auteurs et défendent leurs intérêts, les apporteurs d'affaires proposent des projets prometteurs, tandis que les scouts repèrent les tendances internationales. Ensemble, ils permettent à des œuvres à fort potentiel de voir le jour et de trouver leur place sur le marché.

## Les agents littéraires, véritables représentants des créateurs

Un agent littéraire est l'équivalent de l'agent artistique dans le domaine du cinéma, des influenceurs et autres célébrités. Il représente l'auteur et ses œuvres, et a pour mission de trouver les meilleurs éditeurs pour chaque projet, tout en négociant les conditions contractuelles les plus avantageuses pour le talent qu'il représente.

En francophonie, les agents littéraires sont encore rares, contrairement aux marchés anglophones où quasiment tous les auteurs passent par cet intermédiaire.

L'agent est généralement rémunéré par un pourcentage sur les ventes de l'auteur, souvent entre 15 et 20 %. Ce mode de rémunération rend le métier extrêmement précaire : pour être véritablement rentable, il faut représenter un auteur à succès ou un bestseller. C'est d'ailleurs pour cela que beaucoup d'agents littéraires en francophonie diversifient leurs activités en proposant d'autres services à côté.

## Les apporteurs d'affaires, des opportunistes de projets littéraires

À la différence des agents littéraires qui représentent un auteur et gèrent l'ensemble de sa carrière, les apporteurs d'affaires se concentrent sur des projets bien spécifiques. Ils identifient un manuscrit ou un concept prometteur pour une maison d'édition spécifique et se chargent de le vendre à cette dernière en échange d'une commission ou d'une rémunération fixe négociée préalablement. Ils sont rémunérés directement par l'éditeur. C'est une pratique qui se retrouve fréquemment pour des projets atypiques ou pour des auteurs qui n'ont pas encore de représentation.

## Les scouts littéraires, espions des marchés étrangers

Le scout littéraire, quant à lui, est un acteur encore plus discret, mais tout aussi stratégique. Il travaille souvent pour le compte d'éditeurs étrangers ou de maisons d'édition spécialisées dans les traductions. Son rôle est d'identifier et d'anticiper les tendances émergentes sur certains marchés internationaux, et notamment de repérer les futurs bestsellers, les tendances en littérature et les futurs auteurs à succès pour les apporter sur un autre marché à un éditeur spécifique. Autrement dit, un éditeur qui souhaite investir dans des traductions pourrait avoir recours à des scouts pour surveiller le marché anglophone et dénicher les prochains bestsellers avant que la concurrence ne se manifeste.

Les maisons d'édition occupent une place centrale dans la chaîne du livre, reliant création, production, marketing et logistique pour transformer une idée en un produit prêt à conquérir les lecteurs. Cependant, la commercialisation d'un livre ne s'arrête pas là. Une fois que l'ouvrage est produit, il doit trouver sa place dans les rayons physiques et numériques grâce à une stratégie de diffusion et de distribution solide.

# CHAPITRE 3

# La diffusion et la distribution, un duo essentiel à la commercialisation

## Points clés

- **La diffusion et la distribution forment un écosystème interdépendant** qui garantit la visibilité et la commercialisation des ouvrages dans les points de vente sur le marché local ou à l'international.
- Si la diffusion se concentre sur les aspects commerciaux et stratégiques en établissant le lien entre les éditeurs et les points de vente, **la distribution assure la logistique** nécessaire pour acheminer les ouvrages vers les librairies et autres canaux de vente.
- **Les éditeurs ont de plus en plus des enjeux de visibilité de leurs ouvrages** face à une concurrence toujours plus dense et mettent en place différentes stratégies (surdiffusion et relations libraires) pour se rapprocher des libraires afin de maximiser leur notoriété et leur communication institutionnelle dans les points de vente.

La diffusion et la distribution sont deux piliers incontournables de la commercialisation du livre, souvent méconnus et confondus, pourtant bien distincts et complémentaires. Le diffuseur a pour mission de représenter les éditeurs auprès des différents points de vente pour générer les commandes des nouveautés de l'éditeur. Le distributeur, quant à lui, se concentre sur les aspects logistiques, notamment l'acheminement des livres jusqu'aux détaillants en fonction des commandes générées par les représentants du diffuseur.

Ces deux fonctions, bien qu'indépendantes dans leur nature, sont étroitement liées dans la chaîne du livre. Les grands groupes éditoriaux combinent souvent diffusion et distribution au sein d'une même structure pour optimiser les synergies, la rentabilité et garantir une meilleure fluidité dans la commercialisation. Cependant, il existe aussi des modèles différents, où des diffusions indépendantes – parfois spécialisées dans un seul type de point de vente – collaborent avec d'autres diffuseurs et distributeurs.

## LE DIFFUSEUR, UN ACTEUR CENTRAL MÉCONNU

Pour qu'un livre soit disponible dans des points de vente stratégiques, il doit d'abord être présenté aux libraires pour générer des commandes et garantir sa présence dans les rayons à sa parution. C'est le rôle du diffuseur et de ses représentants qui, en valorisant le catalogue de l'éditeur, assurent la liaison avec les points de vente et négocient les conditions commerciales, afin de maximiser les ventes auprès du consommateur final.

Selon le Syndicat national de l'édition (SNE), « la tournée du représentant permet, entre autres, de présenter les nouveautés aux détaillants, d'enregistrer les pré-commandes (notés), les promotions et les réassortiments (réassorts), et de suivre les retours. Compte tenu de l'augmentation régulière du nombre de titres publiés, le diffuseur doit conjuguer le potentiel de vente des détaillants et les objectifs de l'éditeur, en s'intégrant dans le flux logistique des distributeurs (de l'ordre de quarante offices ou livraisons de nouveautés par an). C'est le diffuseur qui négocie la remise faite au détaillant. Sa rémunération propre représente le plus souvent de 4 à 7 % du prix de vente public HT du livre. La mise en place s'entend de l'ensemble office et notés. Le premier tirage correspond à la mise en place complétée par le talon destiné aux premiers réassorts. »

# Les responsabilités clés des diffuseurs

## La négociation des conditions de vente

Le diffuseur a donc la responsabilité de négocier les conditions de vente avec les détaillants (points de vente) à savoir notamment :

- les « remises » donc le pourcentage accordé / la part que prendra le détaillant sur le prix du livre ;
- les conditions spécifiques pour certaines opérations ou pour l'achat de quantités importantes de titres, comme les tarifs de gros ;
- les conditions de retour des ouvrages invendus ;
- la possibilité de faire des dépôts sous certaines conditions spécifiques, c'est-à-dire que le diffuseur met à disposition chez le détaillant certains livres sans que celui-ci n'ait eu à les payer au préalable. Le libraire ne paiera par la suite ce livre que s'il est réellement vendu à un consommateur.

## Le travail des représentants

Les diffuseurs s'appuient sur des représentants qui adaptent leur travail en fonction des points de vente qu'ils couvrent, qu'il s'agisse de supermarchés ou de librairies indépendantes. Dans la grande distribution, par exemple, leur rôle est souvent celui de marchandiser : ils veillent au bon placement des ouvrages en rayon – voire placent eux-mêmes ces derniers –, tandis que les achats sont généralement centralisés. Par exemple, des représentants spécialisés (les comptes clés) négocient avec des acheteurs uniques pour des enseignes comme Fnac ou Cultura, qui gèrent ensuite la répartition des stocks entre ses magasins.

À l'inverse, avec les librairies indépendantes, le représentant agit davantage comme un conseiller, présentant les nouveautés et recommandant des quantités adaptées aux besoins spécifiques de chaque librairie et de sa clientèle.

# L'importance de la diffusion dans la chaîne

Un diffuseur est un acteur central qui représente plusieurs éditeurs, se spécialisant souvent par type de titres, collections ou maisons d'édition. Par exemple, un diffuseur habitué aux mangas, avec leurs longues séries et réseaux spécifiques, ne sera pas forcément adapté à la littérature blanche destinée aux librairies indépendantes. De même, un diffuseur spécialisé dans les manuels scolaires ou l'ésotérisme adoptera des méthodes et réseaux différents.

Pour un éditeur, choisir le bon diffuseur est donc crucial pour maximiser la stratégie commerciale de ses titres. Ce choix repose sur plusieurs critères : la vision éditoriale, le lectorat cible et les objectifs à moyen et long terme. Ce partenariat détermine la visibilité des ouvrages et leur succès en librairie.

Les diffuseurs travaillent simultanément pour des dizaines d'éditeurs et sur des centaines de titres, et ne peuvent donc pas présenter en détail toutes les nouveautés aux libraires. Pour l'éditeur, il est donc important de collaborer activement avec son diffuseur pour assurer une mise en avant efficace de ses ouvrages.

## Les cinq stratégies de diffusion

Face à ces défis, les éditeurs adoptent diverses stratégies adaptées à leurs besoins spécifiques.

**La diffusion intégrée pour les grands groupes d'édition.** Hachette Livre ou Editis intègrent diffusion, édition et distribution pour maximiser le contrôle et la rentabilité de leurs catalogues. Cette approche garantit une forte présence en librairie et une optimisation des ressources en interne.

**La diversification de diffusions en fonction des labels.** Les maisons indépendantes diversifient souvent leurs diffuseurs en fonction des segments de leur catalogue (ex. : jeunesse, mangas, littérature blanche). Bien que complexe à gérer, cette méthode assure une meilleure représentation auprès des publics ciblés.

**La surdiffusion ou le renforcement des liens directs entre éditeurs et libraires.** On observe en effet un glissement des tâches des diffuseurs vers les éditeurs qui, face à la surcharge des représentants, développent des actions de surdiffusion pour renforcer leurs liens en direct avec les libraires, répondant ainsi au besoin croissant de proximité dans une industrie fondée sur les relations humaines. La surdiffusion est donc une stratégie complémentaire à la diffusion classique, permettant à l'éditeur d'accroître la visibilité de leurs titres et de tisser des relations directes avec les libraires plutôt que de se reposer uniquement sur les représentants de son diffuseur. Cette approche proactive permet d'assurer une plus forte visibilité auprès des libraires dans un marché saturé où la concurrence est forte.

Contrairement à ce que l'on pourrait penser, la surdiffusion ne vise pas à remplacer le diffuseur, mais à travailler en complémentarité avec lui. Comme le souligne David Meulemans, éditeur des Éditions Aux Forges de Vulcain, « les diffuseurs font parfaitement leur métier, nous sommes là pour les épauler[1] ».

Bien que cette stratégie demande un investissement en termes de temps et de ressources, elle représente un levier essentiel pour optimiser la présence des titres en librairie et la communication institutionnelle de l'éditeur en question.

**La diffusion indépendante ou mutualisée pour les éditeurs autonomes.** Certains éditeurs – comme Gallmeister ou Les Arènes – créent leur propre structure de diffusion ou se regroupent pour mutualiser les coûts. Cette approche leur permet de défendre leurs catalogues tout en maintenant leur indépendance. Pour Oliver Gallmeister avoir sa propre diffusion est un « outil indispensable pour l'indépendance[2] ».

**L'acquisition de diffuseurs spécialisés.** Les grands groupes rachètent des diffusions indépendantes pour bénéficier de leur expertise dans des niches spécifiques, à l'instar de La Diff, aujourd'hui filiale d'Hachette Livre. Cette stratégie renforce leur présence sur des marchés segmentés.

## Le cas particulier de la diffusion à l'export

La diffusion à l'export est une opportunité stratégique pour les éditeurs désireux de se développer sur de nouveaux marchés et d'accroître leur visibilité internationale. Contrairement aux conditions classiques, les contrats d'exportation délèguent souvent au diffuseur export des responsabilités habituellement prises en charge par l'éditeur, notamment la gestion des prix (adaptés aux devises locales), la logistique et les actions promotionnelles spécifiques au marché, comme les relations presse locales.

1. Source : *Livres Hebdo*, février 2024.

2. Source : *Livres Hebdo*, mars 2024.

**CAS D'ÉDITION**

*Exportation des titres d'un éditeur*

Une maison d'édition qui souhaite exporter ses titres sur d'autres marchés peut adopter l'une des quatre stratégies suivantes :

- être commercialisée via un diffuseur local pour que ce dernier puisse représenter ses titres sur le marché cible ;
- ouvrir un bureau de représentation pour renforcer sa présence locale et adapter son offre ;
- créer une filiale indépendante, comme Michel Lafon Canada, pour gérer directement ses activités ;
- céder les droits des titres à un éditeur local, qui produira sa propre version adaptée au marché.

Chaque solution dépend du potentiel des titres et des objectifs stratégiques de l'éditeur.

# LA DISTRIBUTION, LA NÉCESSAIRE LOGISTIQUE

Le distributeur est un autre acteur majeur de l'industrie qui officie bien souvent dans l'ombre. Il assume les tâches logistiques liées à la circulation physique du livre. Il est le garant des différents processus, opérations et flux de marchandises du moment où les livres sortent de chez l'imprimeur jusqu'à sa livraison en points de vente. Il est donc l'architecte logistique de la chaîne du livre, garantissant la fluidité des stocks, la gestion des retours et veillant à ce que chaque paiement entre les différents acteurs soit effectué correctement.

Selon le SNE, voici la définition de la distribution dans le livre : « La distribution prend en charge la plus grande partie des tâches liées à la circulation physique du livre (stockage des livres – l'éditeur en restant le propriétaire – réception des commandes, préparation et expédition des commandes vers les différents points de vente, réception, tri, réintégration ou mise au pilon des retours) et à la gestion des flux financiers afférents (facturation et recouvrement des créances pour lesquelles le distributeur est souvent garant des paiements – ducroire, traitement financier des retours). »

La distribution est également très liée à la diffusion, puisqu'elle dépend directement de la politique commerciale de l'éditeur. C'est elle également qui recueille et restitue aux diffuseurs et aux éditeurs des éléments chiffrés d'analyse des ventes de ses clients : mises à l'office, réassortiments, retours, par titre, par centrale et par client.

## Les tâches et responsabilités du distributeur

Les différentes tâches et responsabilités quant à l'activité de distribution comprennent :

- la réception et le stockage des ouvrages ;
- la préparation des commandes (faire en sorte que la bonne référence se retrouve dans le bon colis en bonne quantité pour le bon point de vente en fonction des commandes des libraires via entre autres, le diffuseur) ;
- le transport ou l'expédition (que ce soit sur le territoire national ou à l'export sur d'autres territoires) ;
- la gestion des stocks, de concert avec l'éditeur ;
- le traitement des retours et le pilon/tri pilon ;
- la gestion des paiements.

La gestion des stocks est cruciale pour limiter les coûts liés à l'entreposage des livres, qui peuvent devenir lourds lorsque les ventes ne suivent pas. Tous les six mois, éditeur et distributeur évaluent la rotation des titres en entrepôt : une rotation rapide indique des ventes régulières, tandis qu'une rotation lente peut nécessiter des actions comme le pilon ou l'impression à la demande (POD) pour optimiser les quantités. Cette analyse permet aussi d'anticiper les réimpressions pour les titres qui se vendent sur le long terme.

Une spécificité de l'industrie du livre est la possibilité pour les points de vente de retourner les invendus au distributeur dans un délai défini selon les accords. Les ouvrages en bon état peuvent être réintégrés au stock (tri pilon) si l'éditeur en a besoin, tandis que les défectueux ou excédentaires sont détruits (mise au pilon). Cette gestion logistique, assurée par le distributeur, est essentielle pour équilibrer les stocks.

**CAS D'ÉDITION**

## *La délicate question du pilon et de la destruction d'exemplaires*

### *Une réalité incontournable qui concerne 13 % des livres mis en place*

La destruction des invendus, ou mise au pilon, est une réalité incontournable mais controversée de l'industrie du livre, soulevant des questions éthiques et écologiques. Une étude menée par la commission Environnement et Fabrication du SNE en 2023 révèle que 13 % des livres initialement envoyés en points de vente sont pilonnés. Bien que 100 % des livres pilonnés soient recyclés[1], cette pratique reste perçue comme un gaspillage, surtout à une époque où les enjeux environnementaux sont centraux.

### *Une recherche d'équilibre dans un marché de commercialisation de masse*

L'éditeur doit constamment trouver un équilibre entre la production, nécessaire à la visibilité en magasin et la gestion des stocks pour éviter les pertes financières. La surproduction, souvent liée à la commercialisation de masse, expose les éditeurs à des risques d'invendus. Pourtant, un surstock excessif en entrepôt entraîne des coûts élevés et des pertes importantes.

### *Des initiatives pour limiter le pilon*

Des initiatives comme l'impression à la demande ou des tirages ajustés permettent de limiter le pilon, tout en répondant aux attentes des lecteurs. Face à ces défis, des engagements internationaux, comme le Sustainable Development Goals Publishers Compact (2020), et des initiatives locales, comme le projet-pilote de l'Anel au Québec, montrent une volonté croissante de transformer l'industrie pour la rendre plus durable et respectueuse de l'environnement.

Même si c'est le diffuseur qui se charge de négocier les conditions de vente avec les clients, c'est bien le distributeur qui assure la gestion des paiements entre tous les acteurs de la chaîne du livre. Le distributeur joue ainsi un rôle

1. Source : SNE, Étude sur les tonnages de livres transportés dans l'édition : retours, pilon et recyclage, 2023.

clé en tant qu'intermédiaire financier, garantissant que chaque partie soit payée correctement et dans les délais.

**CAS D'ÉDITION**

*La diffusion indépendante : la réalité des petits éditeurs et des autoédités*

Ce modèle de distribution classique ne s'applique pas partout. Pour les éditeurs indépendants non distribués ou les auteurs autoédités, la réalité est bien différente. La diffusion repose sur un travail de terrain : ils doivent contacter directement les librairies et points de vente pour négocier une place en rayon, exemplaire par exemplaire. Côté distribution, ils gèrent eux-mêmes le stockage, les envois et les commandes, sauf en cas d'impression à la demande (POD), où les exemplaires sont imprimés uniquement à la commande. Ce système offre une grande indépendance, mais exige une forte implication logistique et commerciale, souvent difficile à assumer pour certains.

## CHOISIR LA BONNE DIFFUSION ET DISTRIBUTION

Vu l'importance de ces acteurs, le choix d'un diffuseur et d'un distributeur est une décision cruciale pour les maisons d'édition, basée sur plusieurs critères, entre autres :

- l'appartenance à un groupe éditorial, qui influence souvent ces choix (car plus intéressant financièrement, logistiquement, etc.) ;
- les remises et pourcentages proposés, car la marge commerciale est un élément central dans l'équation économique de l'édition ;
- la présence d'éditeurs concurrents dans le portefeuille des diffuseurs et distributeurs, qui peut peser dans la balance ;
- les spécialités propres à chaque entité de diffusion ou de distribution ;

- les types de catalogues représentés (fiction, non-fiction, genres littéraires divers) ;
- les réseaux de points de vente ciblés (librairies, grande distribution, exo-marchés, etc.).

Par exemple, un diffuseur spécialisé en romance aura tendance à privilégier la grande distribution et les hypermarchés, car ce genre littéraire y bénéficie historiquement d'une forte visibilité. Certains catalogues, comme ceux de bandes dessinées, mangas ou séries longues (romance, imaginaire), nécessitent une logistique spécifique de séries, avec des réassorts fréquents et des stratégies de mise en avant, etc. Cette gestion demande une expertise particulière que seuls certains diffuseurs possèdent.

Diffusion et distribution forment donc un duo indissociable pour assurer la présence des livres sur le marché. Tandis que la diffusion valorise les ouvrages et crée le lien avec les points de vente, la distribution garantit leur acheminement physique. Ces deux fonctions, essentielles à la chaîne du livre, permettent de maximiser la visibilité des titres et de répondre aux attentes des lecteurs, localement comme à l'international. Leur coordination efficace est la clé pour transformer un manuscrit en un livre accessible au plus grand nombre.

# CHAPITRE 4

# Les réseaux et points de vente

## Points clés

- Les points de vente, qu'ils soient des librairies indépendantes, des chaînes spécialisées, des grandes surfaces alimentaires, des exomarchés ou des plateformes numériques, forment **un écosystème diversifié et complémentaire.**
- **Chaque type de point de vente fonctionne selon des logiques propres**, influençant directement les stratégies commerciales des éditeurs.
- **Ces canaux attirent des clientèles spécifiques**, avec des préférences littéraires et des habitudes d'achat adaptées à chaque réseau.
- **Cette diversité offre une richesse stratégique**, maximisant la visibilité des ouvrages et leur accessibilité à différents publics, ce qui accroît leurs chances de succès.

Dans la chaîne du livre, l'arrivée des exemplaires dans les points de vente représente ce moment décisif où l'ouvrage, après être passé de l'idée de l'auteur à un produit fini, rencontre enfin ses lecteurs. C'est ici que la magie peut opérer... ou non. Pendant longtemps, on parlait exclusivement de points de vente physiques : librairies, supermarchés, grandes surfaces spécialisées. Mais avec l'essor du digital, cette notion s'est étendue pour inclure les plateformes en ligne, redéfinissant notre façon de penser la commercialisation des livres.

Nous distinguons les réseaux et points de vente selon deux critères principaux :

- Le rôle du livre dans l'offre globale : est-il central, comme en librairie, ou complémentaire, comme dans un hypermarché ?
- La structure des achats : centralisée, avec un acheteur unique pour une enseigne entière, ou décentralisée, où chaque point de vente gère ses commandes ?

## LA LIBRAIRIE INDÉPENDANTE ET SPÉCIALISÉE

Les librairies indépendantes jouent un rôle crucial en offrant une sélection variée incluant des nouveautés, des ouvrages de fonds (anciens titres) et des titres de niche. Les libraires, par leurs recommandations personnalisées, permettent de faire découvrir des auteurs émergents et des éditeurs indépendants, contribuant ainsi à maintenir une diversité éditoriale essentielle sur le marché. Ces lieux deviennent souvent des points d'ancrage pour des communautés de lecteurs passionnés.

Ce rôle fondamental des librairies indépendantes ne se limite pas à leur sélection de livres ; il s'exprime également à travers l'expérience qu'elles offrent aux lecteurs. L'expérience d'achat en librairie repose sur l'expertise et la proximité avec le libraire. Ce lien privilégié se renforce lors d'événements tels que des dédicaces, des clubs de lecture ou des animations, qui mettent en avant des auteurs locaux ou peu connus. Ces initiatives créent une dynamique culturelle unique et renforcent la fidélité des clients.

Cette dynamique culturelle et cette relation de proximité avec les lecteurs sont d'autant plus remarquables que les librairies indépendantes doivent faire face à des défis économiques importants. En effet, elles sont confrontées à des marges réduites, oscillant entre 30 % et 37 % selon le Syndicat de la librairie française[1]. Les retours d'invendus, la gestion des stocks et la concurrence des plateformes en ligne comme Amazon aggravent leur précarité. Cependant, elles parviennent à en compenser une partie en diversifiant leurs produits et services, notamment grâce à des concepts comme les cafés-librairies ou des espaces événementiels.

Face à une demande croissante pour des genres spécifiques, des librairies spécialisées émergent, notamment autour des mangas, de la romance ou des littératures de l'imaginaire. Par exemple, la librairie Tsundoku à Marseille, est spécialisée dans les mangas et propose un espace de 300 m² dédié à ce genre populaire. Ces initiatives innovantes répondent aux attentes des lecteurs tout en créant des communautés fortes et fidèles.

**CAS D'ÉDITION**

### *Les librairies agréées au Québec, une spécificité*

Les librairies agréées sont une spécificité du marché québécois et sont vitales à la chaîne du livre au Québec et au marché plus généralement. Elles bénéficient d'un statut particulier qui les distinguent des autres points de vente. Reconnues par le gouvernement dans le cadre de la loi 51, elles doivent respecter certains critères stricts pour obtenir en échange l'agrément qui leur confèrent des avantages, et notamment la possibilité de vendre aux collectivités lors des achats institutionnels (bibliothèques, écoles et autres organismes publics). Cette spécificité a permis et permet toujours aux réseaux des librairies indépendantes de survivre et de se développer face aux géants de la grande distribution – l'argent public de ces achats étant finalement réinvestis en partie dans ce type de points de vente – et ainsi de garantir la diversité de l'offre québécoise et des points de vente indépendants au Québec.

1. « La situation économique et financière des librairies indépendantes », SLF, 2024.

# LA GRANDE SURFACE SPÉCIALISÉE (GSS)

Les grandes surfaces spécialisées (GSS) occupent une place intermédiaire sur le marché du livre entre la librairie indépendante et la grande distribution. Ces points de vente combinent ainsi une vaste sélection de titres et de rayons divers couvrant aussi bien les bestsellers grand public que des ouvrages plus spécialisés, tout en proposant dans l'ensemble une expérience d'achat orientée vers le conseil et la découverte. Ce modèle hybride attire une clientèle variée, à la recherche de nouveautés comme de fonds, de produits complémentaires liés à l'univers du livre et constitue un lieu clé pour maximiser la visibilité des ouvrages dans un cadre culturel mais également commercial.

Dans ces chaînes de magasins, le livre n'est donc pas le produit phare, mais il s'inscrit dans une offre plus large axée sur le divertissement et la culture. Ces enseignes attirent un public vaste et hétérogène qui, bien que diversifié, conserve un certain attrait pour le livre et pour la culture en général. Il est intéressant de souligner qu'à une époque où le succès des œuvres se décline souvent en produits multimédias et cross-médias, ces points de vente jouent un rôle stratégique pour les produits complémentaires qu'ils proposent au niveau des différentes licences.

Avec leurs nombreuses succursales, les GSS représentent une part importante des ventes de livres, atteignant environ 30 % du chiffre d'affaires du secteur en France en 2023[1]. Leur stratégie omnicanale, alliant boutiques physiques et plateformes digitales, renforce leur capacité à toucher un large public. Par exemple, Fnac, avec 324 magasins dans le monde en 2022[2], s'appuie sur des commandes centralisées pour négocier des conditions d'achat avantageuses avec les éditeurs.

Cependant, si la centralisation des achats optimise la logistique et favorise les grands éditeurs, elle peut limiter la diversité de l'offre en magasin. Chaque succursale perd une certaine autonomie dans la sélection des titres, ce qui peut négliger les spécificités locales et les besoins de lectorats variés. De plus, le personnel des GSS, moins qualifié en conseil littéraire, ne peut offrir le même niveau de recommandation personnalisée que dans une librairie indépendante.

1. Source : GfK, rapport annuel 2023.

2. Source : Statista, 2022.

# LA GRANDE SURFACE ALIMENTAIRE (GSA)

Dans les grandes surfaces alimentaires (GSA) ou grande distribution (GD) comme Carrefour ou Walmart, le livre est un produit d'appel secondaire, souvent relégué à des espaces restreints. L'offre, conçue pour plaire au plus grand nombre, se concentre sur les bestsellers et ouvrages grand public à rotation rapide, adaptés à une clientèle diverse et non spécialisée. Les ventes reposent principalement sur des achats d'impulsion, soutenus par une stratégie de placement des livres en affinité avec d'autres rayons, comme les livres de cuisine proches des produits alimentaires ou les ouvrages jeunesse près des jouets.

Les commandes en GD sont centralisées et gérées par des grands comptes, négociant avec un seul acheteur pour toutes les succursales d'une enseigne. Ce modèle permet de simplifier la logistique, mais limite la personnalisation des offres locales. Les représentants dédiés à ce réseau jouent également un rôle de merchandising : ils s'assurent que les titres commandés soient bien placés dans les rayons, optimisant leur visibilité et leur potentiel de vente.

Pour contrer l'image perçue comme « bas de gamme » et attirer une clientèle plus variée, certaines chaînes ont lancé des espaces culturels dédiés. Un exemple marquant est celui des Espaces Culturels E. Leclerc, qui combinent une vaste sélection de produits culturels et un environnement d'achat plus chaleureux. Avec des initiatives comme le prix Landerneau ou le festival Culturissimo, ces espaces visent à enrichir l'expérience client et renforcer leur attractivité auprès des amateurs de culture.

Les achats impulsifs jouent un rôle clé dans le succès des ventes de livres en grande distribution. Ce comportement influence directement le type de produits sélectionnés pour ce réseau, favorisant des ouvrages populaires à rotation rapide, souvent mis en avant de manière stratégique.

Marie-Pierre Sangouard, directrice du développement commercial chez Interforum souligne l'importance de ce phénomène : en grande surface alimentaire, 53 % des ventes de livres sont le résultat d'achats impulsifs, contre seulement 28 % dans les autres circuits[1]. Cette donnée illustre l'impact du placement et de la présentation des titres sur le comportement des consommateurs dans ces enseignes.

1. Charonnat C., « Peut-on sauver le livre en hyper ? », *Livres Hebdo*, 10 octobre 2021.

> ***Exemple :*** *En GD au Québec, des prix différents*
>
> Au Québec, où le prix des livres est libre, la grande distribution propose souvent des réductions importantes par rapport aux librairies. Par exemple, Costco applique des remises allant de – 30 % à – 35 % sur certains titres. À l'inverse, en France, la loi Lang de 1981 impose un prix unique du livre, empêchant ainsi toute concurrence tarifaire entre les réseaux de vente. Cette législation, adoptée pour protéger les librairies indépendantes, illustre bien la différence de dynamique entre ces deux marchés.

Malgré ces efforts, la part de marché des grandes surfaces alimentaires dans la vente de livres est passée de 15 % en 2010 à environ 8 % en 2022, montrant une tendance à la baisse continue[1].

« En dix ans, entre 2007 et 2016, les grandes surfaces alimentaires ont perdu près de 30 % en valeur sur la BD jeunesse et le manga, et le double sur la bande dessinée pour adolescents et adultes. C'est un véritable effondrement. Face à ce constat, le directeur général de Média Diffusion, comme ses confrères diffuseurs, ne parvient pas néanmoins à se résoudre à cette baisse et persiste à penser qu'il faut absolument continuer à travailler ce réseau[2]. »

Cette érosion s'explique par la concurrence croissante des librairies spécialisées, des grandes surfaces culturelles et des plateformes en ligne – que ce soit sur les formats papier ou numériques –, qui offrent souvent une expérience d'achat plus adaptée aux lecteurs réguliers.

## LES EXO-MARCHÉS : DES VENTES PAR AFFINITÉ

Les exo-marchés ou marchés dits alternatifs sont des lieux atypiques où le livre trouve sa place par affinité de produit. Il s'agit de magasins spécialisés qui proposent des livres en lien direct avec leur secteur comme des ouvrages sur la santé en pharmacie, des livres de jardinage dans des pépinières, des livres et albums jeunesse en boutiques de jouets ou encore des livres ésotériques dans des boutiques spécialisées mais aussi des musées par exemple. Ces lieux permettent d'atteindre des lecteurs qui ne seraient pas allés chercher ces ouvrages ailleurs,

1. Source : Syndicat de la librairie française, 2023.

2. Charonnat C., *op. cit.*

offrant ainsi une opportunité unique de toucher ces derniers directement dans un lieu spécialisé qui fait écho avec l'intérêt des clients qui s'y rendent justement par intérêt et/ou besoin. Ce circuit offre la possibilité aux éditeurs d'atteindre des lectorats de niche en dehors des canaux traditionnels de vente de livres.

Travailler avec les exo-marchés nécessite cependant une stratégie marketing ciblée ainsi qu'une logistique bien définie. Les volumes sont généralement plus modestes que dans les circuits classiques, mais les marges peuvent être plus élevées. L'approche commerciale doit être adaptée en fonction des différents points en développant par exemple des partenariats spécifiques (notamment dans des chaînes) et en proposant par exemple des formats adaptés et/ou des éditions bien spécifiques.

Les exo-marchés jouent donc un rôle complémentaire dans la chaîne du livre, offrant aux éditeurs une chance de diversifier leurs canaux de vente et de s'adresser à des publics différents, souvent très fidèles à ces lieux spécifiques.

## LES CLUBS, UN MODÈLE EN DÉCROISSANCE

Les clubs de livres, tels que France Loisirs, ont longtemps occupé une place significative dans le paysage de l'édition en France. Ces clubs fonctionnent sur un modèle d'abonnement, proposant à leurs membres une sélection spécifique d'ouvrages, souvent à des tarifs préférentiels. Certaines éditions peuvent être exclusives. Cependant, avec l'évolution des habitudes de consommation, le numérique et la montée en puissance des ventes en ligne, l'influence de ces clubs a diminué au fil des années.

## LES POINTS DE VENTE NUMÉRIQUES : UNE CROISSANCE FULGURANTE

Avec l'essor du digital, les points de vente numériques ont transformé le paysage de la commercialisation du livre. On en distingue deux types principaux.

# Les entrepôts web ou la vente du papier via les canaux digitaux

Amazon, Fnac.com ou Indigo.ca dominent ce segment, représentant environ 50 % des ventes de livres en ligne en France en 2022[1]. Ces plateformes offrent une logistique performante, permettant une disponibilité immédiate des titres, et influencent fortement les décisions d'achat des lecteurs. De nombreuses GSS proposent la possibilité de passer via leurs entrepôts web à l'instar de Fnac en Europe ou encore Renaud Bray au Québec.

Selon le panel consommateur GfK et son étude « 2019-2022 : marché du livre en accélération : enjeux et conséquences pour les librairies », la vente de livres physiques neuf sur Internet représentait 13 millions d'exemplaires, dépassant les 9 millions vendus en librairies indépendantes et se situant légèrement en dessous des ventes réalisées en GSS culturelles en 2021. Il est intéressant de noter également qu'Internet est pour 70 % un circuit complémentaire pour ses acheteurs. C'est donc une pratique habituelle pour les consommateurs de livres physiques[2].

# Les plateformes numériques pour ebooks et audiobooks

Des plateformes comme Kindle, Kobo et Apple Books se concentrent exclusivement sur la vente de formats dématérialisés. En 2021, le marché des ebooks représentait environ 10 % des ventes totales de livres au Canada[3], une part en constante augmentation et environ 10 à 12 % des ventes totales des éditeurs en France[4], dépendamment des types de segments (environ 1,26 % pour le pratique, la littérature générale 6,01 %, et le scolaire atteint 13,83 % des ventes). Selon l'étude « Les Français et la lecture » (Ipsos/CNL, 2025), la lecture numérique séduit davantage les 15-34 ans et les grands lecteurs (20 livres et plus par an), et seulement 1 % des Français lisent exclusivement en numérique.

Les points de vente numériques ont redéfini la manière dont les lecteurs découvrent et achètent des livres. Cette tendance a été accélérée notamment avec la crise

1. « Rapport sur le commerce en ligne », SNE, 2023.

2. Vigroux S., « rapport GFK pour SLF : 2019-2022 Marché du livre en accélération : enjeux & conséquences pour les librairies », 3 juillet 2022.

3. « Étude sur le livre numérique », CNL, 2022.

4. « Les chiffres de l'édition 2023-2024 », SNE, 2024.

sanitaire liée au virus de la Covid où certains lecteurs ont pris l'habitude d'acheter en ligne et n'ont pas changé leur mode de consommation depuis.

## LES AVANTAGES DE CES PLATEFORMES ET FORMATS

Par ailleurs, les points de vente numériques présentent de nombreux atouts par rapport aux points de vente papier, il faut bien l'avouer. L'un des principaux atouts réside dans la capacité de ces points de vente à offrir une disponibilité immédiate et quasi illimitée des différents ouvrages. On parle ici aussi bien des ebooks que des audiobooks. Contrairement aux librairies physiques, il n'y a aucun problème de stock en numérique puisque, dans le principe, le stock est infini. La disponibilité est immédiate, alors qu'un livre papier doit être expédié sous 24 à 48 heures, ou nécessite que le consommateur se déplace. En numérique, ce n'est pas un souci : on peut précommander le livre en amont et l'obtenir à partir de minuit le jour de la parution (bien avant l'ouverture des magasins donc).

### *Comparaison du marché numérique à l'international*

Il est intéressant de comparer divers marchés et pays pour mieux comprendre la dynamique et l'évolution du marché, et donc des revendeurs, des formats numériques. En France, le marché du numérique représenterait aujourd'hui environ 10 à 12 % des ventes de livres, d'après les chiffres du Syndicat national de l'édition[1]. Ce nombre n'est rien comparé à d'autres marchés où le numérique a pris une bien plus grande place encore. Aux États-Unis, par exemple, on parle de près de 25 % des ventes de livres qui se font aujourd'hui en format numérique[2]. Le Royaume-Uni n'est pas en reste, avec environ 20 % des ventes totales dans ce format par rapport aux livres papier.[3].

1. *Ibid.*
2. « Annual report on digital publishing », Association of American Publishers, 2023.
3. « The UK Book market report », The Publishers Association, 2023.

## Les parts de marché des revendeurs numériques

Le marché du numérique, et notamment des ebooks, se partage entre plusieurs grands revendeurs mondialement connus qui, à eux seuls, captent près de 90 % du marché numérique[1]. Selon la même étude, aux États-Unis, par exemple, Amazon occupe environ 67 % des ventes de livres numériques à lui tout seul, suivi par Apple Books puis Kobo. En France, selon les données de l'Observatoire de l'édition numérique du SNE, Amazon représenterait environ 55 % du marché, suivi de Kobo avec 16 %, et Apple Books avec 12 % de parts de marché[2].

## L'influence de la covid-19 dans l'évolution des habitudes de consommation en numérique

D'après une étude du CNL, la période de confinement a marqué un véritable tournant dans les habitudes de lecture des Français. Environ 30 % d'entre eux ont lu au moins un livre dématérialisé (ebook ou audiobook) durant cette période et, ce qui est encore plus marquant, c'est que plus de 50 % de ces lecteurs affirment continuer à consommer davantage de numérique qu'avant[3]. Cette tendance démontre bien que le numérique a su s'imposer comme une alternative sérieuse au format papier, accélérée par la crise sanitaire.

## L'impact des promotions et la flexibilité des prix

Une particularité du numérique en France réside dans la flexibilité des prix, notamment grâce aux promotions qui ne sont pas soumises à la loi Lang, contrairement au papier, ce qui permet aux éditeurs et auteurs autoédités de jouer sur les prix.

1. Saha S., « Ebooks Market Outlook for 2024 to 2034 », *Future Market Insights*, avril 2024.

2. « Baromètre 2024 des usages d'achat et de lecture des livres imprimés », SNE, numériques et audio, 16 avril 2024.

3. « Les Français et la lecture : Baromètre bisannuel », CNL, 2022.

Les promotions dites *flash* (sur un jour) ou thématiques sont courantes : des baisses de prix temporaires, des titres gratuits, des offres à 0,99 euro / 0,99 dollar ou même à moins 50 %, voire 70 %.

**CAS D'ÉDITION**

### *L'exemple de la #GrosseOP de Bragelonne ou 500 titres à 0,99 €*

Les éditions Bragelonne sont connues pour leurs opérations coup de poing en numérique, avec des promotions massives qui ont marqué l'industrie du livre et qui en ont fait l'un des éditeurs pionniers en francophonie dans le domaine de l'édition numérique. Un bon exemple de cela est la célèbre « GrosseOP », lancée en juin 2016, où la maison a proposé pas moins de 500 ebooks à seulement 0,99 € chacun. Cette opération renouvelée de nombreuses fois, année après année, a été un véritable succès qui a permis de faire découvrir des centaines de titres à des prix défiant toute concurrence, et notamment de nombreux tomes 1 de séries[1]... Ce genre de promotions vise clairement à démocratiser la lecture numérique et à offrir aux lecteurs une opportunité unique de découvrir leur vaste catalogue, tout en stimulant fortement les ventes et en maximisant la visibilité des titres.
Selon Jérôme L'Hour, à l'époque responsable commercial en charge du livre numérique, ces opérations ont fidélisé un public et ont permis des ventes numériques énormes notamment via la moyenne de l'édition à ce moment-là en 2016 : « Quand les chiffres de vente en France sont autour de 4 à 6 %, selon qui les annoncent, nous réalisons 15 % de nos ventes en numériques. » Claire Deslandes, directrice de la publication numérique en 2016, dira : « Voilà une autre façon d'animer le fond et de valoriser les auteurs, tout en réconciliant le coup de cœur éditorial avec l'opération commerciale. »

1. Gary N., « 100 ebooks à 0,99 € : GrosseOP de Bragelonne, une seconde chance pour tous », *ActuaLitté*, 2016.

## Les abonnements

Sur le modèle du streaming – à l'instar de l'audiovisuel comme sur Netflix – l'abonnement numérique connaît une forte croissance, que ce soit pour les ebooks avec Kindle Unlimited ou Kobo Plus, ou pour les audiobooks avec Audible. Ce modèle a permis de fidéliser une clientèle souhaitant lire rapidement et à moindre coût. Selon le SNE, le marché des abonnements a progressé de 15,5 % en 2022[1]. Par exemple, pour Jupiter Phaeton, autrice autoéditée à succès, 60 % de ses ventes en 2024 sont issues de l'abonnement KDP.

# LA PRÉSENCE DE L'AUTOÉDITION SUR LES PLATEFORMES

L'autoédition, étroitement liée aux formats numériques, s'impose aujourd'hui comme une alternative crédible à l'édition traditionnelle, grâce à des plateformes comme Amazon Kindle Direct Publishing et Kobo Writing Life. Ces outils permettent aux auteurs de publier rapidement, à moindre coût et d'atteindre directement leur public.

Aux États-Unis, l'autoédition connaît une croissance fulgurante, avec par exemple 1,7 million de nouvelles publications en 2018, soit une hausse de 40 % en un an[2]. Dans les marchés francophones, cette tendance émerge également, notamment dans les genres populaires, et offre aux auteurs une plus grande autonomie et des revenus potentiellement supérieurs en cas de succès. En 2021, 24 326 des ouvrages sur les 88 016 enregistrés au titre du dépôt légal étaient des ouvrages autoédités selon la BnF. L'autoédition contribue également à la diversité de l'offre éditoriale présente sur le marché ; certains titres/auteurs sont parfois repris par des maisons d'édition traditionnelles.

1. « Les chiffres de l'édition 2023-2024 », SNE, 2024.

2. « Self-publishing in the United States 2018 Report », Booker, 2018.

## AVIS D'EXPERTE

***Jupiter Phaeton**, autrice autoéditée*

### L'IMPACT DES ABONNEMENTS ET D'AMAZON KDP SUR LES VENTES NUMERIQUES

*Jupiter Phaeton est une autrice autoéditée à succès, spécialisée en* urban fantasy. *Avec plus de 60 romans publiés et un chiffre d'affaires annuel de près de 630 000 euros en 2024, elle s'impose comme une figure incontournable de l'autoédition francophone. Prolifique et entourée d'une équipe de 13 personnes, elle publie environ 12 livres par an. Elle s'autoédite pour tous ses titres via Amazon KDP et s'appuie fortement sur l'abonnement Kindle qui représente près de 60 % de ses revenus. Elle développe aussi ses ventes en audiobooks et s'exporte même sur le marché allemand où elle connaît une forte croissance en ebooks et audiobooks.*

#### 1. QUELLE PART DU CHIFFRE D'AFFAIRES REPRÉSENTE L'ABONNEMENT KINDLE (KINDLE UNLIMITED) POUR UNE AUTRICE AUTOÉDITÉE ?

Aujourd'hui, plus de 60 % de nos revenus proviennent de l'abonnement Kindle, tandis que les ventes sèches (achat définitif d'un livre numérique, sans abonnement ni licence restrictive) représentent 30 % et nos ventes papier, quant à elles, 10 %.

#### 2. COMBIEN RAPPORTE UN LIVRE DANS L'ABONNEMENT KINDLE PAR RAPPORT À UNE VENTE CLASSIQUE NUMÉRIQUE ?

On touche entre 1,20 et 1,80 euro pour un livre de 450 pages lu intégralement via l'abonnement Kindle. Pour les ventes sèches d'ebooks, on touche en moyenne 3,92 euros par ebook vendu à 5,99 euros.

#### 3. L'ABONNEMENT KINDLE CANNIBALISE-T-IL LES VENTES DIRECTES ?

L'abonnement Kindle, au tout début en 2019, représentait 35-40 % de nos revenus. Puis, progressivement, c'est devenu la moitié de nos revenus. Aujourd'hui, c'est plus de 60 %.

#### 4. CONCERNANT L'AUTOÉDITION VIA AMAZON KDP, COMMENT FONCTIONNE LA RÉMUNÉRATION DES AUTEURS ?

Il y a un fonds monétaire destiné aux auteurs qui est alimenté par un pourcentage sur le prix qu'un lecteur paye pour l'abonnement Kindle. Tous les mois, KDP calcule le nombre total de pages lues par les lecteurs dans l'abonnement Kindle et il calcule la part de chaque auteur au sein de ces pages lues. Ce prix varie, mais actuellement, je crois qu'on est à 0,004 € la page.

### 5. CONCERNANT LE FORMAT AUDIO, POURQUOI LES AUDIOBOOKS SONT-ILS UNE OPPORTUNITÉ POUR LES AUTEURS AUTOÉDITÉS ?

L'audiobook est pour moi un grand soulagement parce que c'est un moyen d'utiliser un livre que j'ai déjà écrit et de l'exploiter sous un autre format afin de générer de nouveaux revenus sans que j'aie à fournir un travail supplémentaire comme une traduction. D'ailleurs, cela me coûte moins cher à produire que de faire traduire une de mes œuvres pour un autre marché étranger.

### 6. CONCERNANT LE DÉVELOPPEMENT SUR D'AUTRES MARCHÉS, NOTAMMENT SUR LE MARCHÉ ALLEMAND, QUELLES POSSIBILITÉS OUVRENT L'AUTOÉDITION POUR LES EBOOKS ET AUDIOBOOKS ?

Le marché allemand est le troisième marché ebook au monde d'Amazon. Le mot-clé *fantasy* y est cherché 44 fois plus qu'en France, ce qui est parfait pour notre genre littéraire. Jusqu'à juin, il représentait 20 % de nos revenus, même avec seulement une série disponible. En 2024, malgré un problème juridique qui nous a bloqués pendant cinq mois et demi, l'Allemagne représente 15 % de notre chiffre d'affaires. Nous disposons de trois équipes de traduction qui tournent à plein temps et, en 2025, quatre nouvelles séries vont paraître, traduites par nos équipes et des partenaires locaux. Les audiobooks y explosent aussi : en un trimestre, nous avons vendu plus en Allemagne qu'en trois ans en France, et nous prévoyons 100 000 ventes d'ici la fin de l'année.

## LA VISIBILITÉ ET LA DIFFÉRENCIATION EN NUMÉRIQUE

Les points de vente numériques présentent des défis importants pour les éditeurs, notamment en termes de visibilité et de différenciation. La forte concurrence nuit à la visibilité des titres de fonds, souvent noyés par les nouveautés. Pour qu'un ouvrage se vende en numérique, il est essentiel qu'il apparaisse dans le top des ventes ou qu'il bénéficie de campagnes de promotion bien ciblées.

### *Analyse critique des pratiques commerciales : l'impact des points de vente physiques sur le basculement des comportements d'achat vers le numérique*

Avec plus de quinze ans d'expérience dans le secteur de l'édition, j'ai constaté une tendance préoccupante dans la relation entre certains libraires et leurs clients, notamment autour de genres littéraires souvent mal perçus car populaires. Certains professionnels portent un regard élitiste sur la littérature en tant que telle, notamment dans les genres tels que la romance, l'imaginaire ou encore le *young adult*. J'ai trop souvent vu des lectrices se sentir jugées pour leurs choix littéraires, à tel point qu'elles préféraient se tourner vers des plateformes numériques comme Amazon pour éviter ce sentiment d'inconfort. Il n'est pas rare d'entendre des anecdotes de clientes à qui l'on répond sèchement en librairie : « Nous n'avons pas de ça chez nous Madame », sous-entendant ainsi que leurs choix de lecture sont dévalorisants.

Cette réalité est corroborée par des études récentes. Une enquête menée par le CNL en 2022 montre que 35 % des lectrices de romance se sont sentis jugées lors de leurs achats en librairie physique, ce qui les a poussés à privilégier les achats en ligne, où elles ne subissent pas ce type de jugement[1]. De plus, l'Observatoire de la librairie, dans son rapport de 2023, indique une hausse de 20 % des ventes en ligne pour des genres comme la romance et le *young adult*, tandis que leurs ventes en librairie physique stagnent. Cette évolution témoigne d'un transfert des lecteurs vers des espaces perçus comme plus accueillants et moins condescendants[2].

Prendre soin de sa clientèle et cultiver un rapport de proximité peut faire donc une réelle différence.

Les points de vente sont nombreux et fonctionnent tous selon des logiques distinctes, qu'il s'agisse de librairies indépendantes, de chaînes spécialisées, d'exo-marchés ou encore de plateformes numériques. Chacun d'eux joue un rôle stratégique dans la chaîne de commercialisation du livre, en s'adaptant aux particularités de son réseau. Chaque type de point de vente attire une

1. « Les Français et la lecture », CNL, rapport 2022.

2. « Rapport annuel sur l'évolution des ventes de livres », Observatoire de la librairie, 2023.

clientèle spécifique, avec des préférences littéraires et des habitudes d'achat qui lui sont propres. Cette diversité influe directement sur les choix des éditeurs et façonne leurs stratégies commerciales. La richesse de ces différents canaux de distribution permet d'optimiser la visibilité des ouvrages, en les orientant vers des publics variés, ce qui accroît ainsi leurs chances de succès.

**CAS D'ÉDITION**

## *Le consommateur, dernier acteur (inconscient) du livre*

Dans la chaîne du livre, le consommateur final est le dernier maillon, celui qui conclut tout le processus de création, de production, de diffusion et de vente. Si son rôle est central, sa définition est complexe. En effet, le consommateur peut être multiple en édition car pas toujours synonyme de lecteur en tant que tel. Cette distinction entre acheteur et lecteur révèle des dynamiques passionnantes et des situations qui influencent directement les stratégies marketing et éditoriales.
Étudier cet acteur particulier est une véritable plongée au cœur des motivations d'achat et des comportements de consommation, des aspects que nous approfondirons dans le chapitre dédié à la cible marketing (chapitre 15). Ce sera l'occasion d'analyser comment, à travers le marketing, l'industrie s'adapte à ces dynamiques, et pourquoi le consommateur, bien qu'inconscient de son rôle structurant, reste un moteur essentiel de la chaîne du livre.

# CHAPITRE 5

# Les notions fondamentales de commercialisation

## Points clés

- **L'édition ne se limite pas à la création littéraire, c'est aussi une affaire de chiffres, de logistique et de stratégies commerciales.** Comprendre les notions comme la répartition du prix ou les flux de vente est essentiel pour maîtriser l'économie du livre.
- **Le prix de vente d'un livre est partagé entre différents acteurs de la chaîne :** libraires, diffuseurs, éditeurs, auteurs prennent un pourcentage.
- **Comprendre l'économie du livre** et les notions de flux allers, retours et nets est indispensable pour calculer le chiffre d'affaires et anticiper les budgets liés à la production, à la mise en place et au marketing d'un ouvrage.
- **La notion de bestseller** est complexe et ses impacts sur notre industrie majeure.
- **Les cycles de vente**, organisés par périodes (par exemple janvier-février), regroupent toutes les étapes commerciales et tout le travail des différents acteurs du livre est fait en fonction de la date d'office.

Dans l'édition, il y a des notions fondamentales que tout professionnel ou futur acteur de cette industrie doit maîtriser. Ce sont des bases indispensables, parce que l'édition n'est pas qu'une question de création : c'est aussi une affaire de chiffres, d'organisation et de stratégies commerciales. Comment répartit-on le prix de vente d'un livre entre les différents acteurs de la chaîne ? Comment calcule-t-on un chiffre d'affaires ou analyse-t-on des ventes ? Et surtout, qu'est-ce qu'un cycle de vente et pourquoi structure-t-il toute la dynamique de l'édition ?

Pour moi, on ne peut pas sérieusement parler d'édition si on ne maîtrise pas ces éléments. Ils sont au cœur de tout : des décisions stratégiques des éditeurs aux calculs de rentabilité, en passant par l'organisation du travail de chaque acteur, du diffuseur au libraire. Ce chapitre a pour but de vous donner ces clés. De manière simple et pratique, il explore les points essentiels pour comprendre comment fonctionne l'économie du livre et comment, derrière chaque ouvrage, une mécanique complexe soutient le produit final.

## RÉPARTITION DU PRIX DE VENTE D'UN LIVRE

Dans l'édition, quand on achète un livre, le prix est réparti entre différents acteurs de la chaîne du livre, chacun apportant une contribution spécifique. Chaque acteur perçoit donc une part du prix de vente du livre. Voici un schéma de la répartition moyenne par acteur.

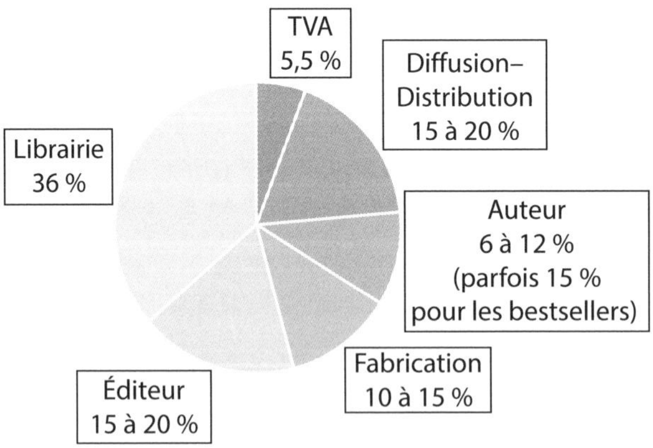


***Figure 5.1*** – *Répartition du prix de vente d'un livre*

Cette répartition illustre la complexité économique de l'édition et les marges relativement restreintes pour les créateurs et les éditeurs.

Si l'auteur touche en moyenne 8 à 12 % du prix hors taxes (et parfois jusqu'à 15 % pour les bestsellers), beaucoup s'imaginent que le reste revient intégralement à l'éditeur. Pourtant, la réalité est bien différente. L'éditeur doit partager le prix avec les libraires, les diffuseurs, les distributeurs. Ce qui reste à l'éditeur, environ 15 à 20 %, lui sert à couvrir les coûts énormes déjà investis (les avances versées aux auteurs, les frais de production et de création, l'illustrateur, la correction, les salaires des équipes, le marketing, l'impression des livres, etc.). En termes de trésorerie, c'est lui qui prend le plus de risques et il ne lui reste finalement qu'une petite marge, souvent bien inférieure à ce qu'on imagine. Dans ce secteur, les marges sont très serrées, sauf pour les grands groupes qui maîtrisent toute la chaîne du livre – de l'édition à la vente – et qui peuvent ainsi accumuler des bénéfices à chaque étape. Mais pour la plupart des éditeurs, il s'agit d'un équilibre délicat, où chaque titre doit trouver son public pour couvrir les coûts engagés.

**CAS D'ÉDITION**

## *Les spécificités de la répartition sur le prix de vente au Québec*

Si cette répartition s'applique bien à la France, le Québec présente des spécificités à connaître. Au Québec, le prix du livre est toujours affiché hors taxes. Celle-ci est ajoutée (TPS uniquement, le livre étant exempté de TVQ) au moment du paiement en librairie.
Par ailleurs, la loi 51 garantit une remise légale de 40 % pour les librairies (hors édition scolaire et universitaire). Cette obligation ne s'applique pas à la grande distribution, qui peut négocier des remises inférieures (ou supérieures également).
Ces différences influencent directement les marges des éditeurs et des diffuseurs notamment en changeant la répartition du prix de vente.

# COMPRENDRE LES FLUX DE VENTES EN ÉDITION

En édition, les ventes se calculent de manière spécifique, notamment pour les livres papier. Contrairement à d'autres secteurs, l'économie du livre repose sur le trajet physique des ouvrages à travers la chaîne de distribution et sur leur cycle de vente. Ces flux – allers, retours et nets – sont essentiels pour comprendre comment se structure le chiffre d'affaires d'un éditeur.

- **Flux allers (FA).** Ce sont les exemplaires envoyés aux points de vente, regroupant à la fois la mise en place initiale (l'office) et le réassort éventuel si les ventes sont bonnes (flux aller = office + réassort).
- **Flux retours (FR).** Ce sont les invendus retournés par les libraires et autres points de vente après une certaine période. Ces retours impactent directement les ventes réalisées.
- **Flux nets (FN).** Il s'agit de la différence entre les flux allers et les flux retours, qui correspond aux ventes réelles en partie (appelées « sorties caisse » ou « écoulements »), c'est-à-dire aux exemplaires effectivement vendus aux lecteurs + éventuellement du stock additionnel présent dans certaines librairies (flux net = flux aller – flux retour).

Pour les ventes numériques, la logique est beaucoup plus simple, car il n'y a pas de notion de retour. Chaque vente réalisée est immédiatement considérée comme une vente nette, sans intermédiaire physique ni gestion des stocks. Chaque vente est nette et est finalement en même temps une sortie caisse.

## Des flux en volume ou en valeur

Les ventes peuvent être calculées en volume (nombre d'exemplaires vendus) ou en valeur, c'est-à-dire en termes financiers. Pour cela, on multiplie le nombre d'exemplaires de chaque flux par le prix de vente hors taxes de l'ouvrage.

**Tableau 5.1** – *Exemple de calcul des ventes d'un ouvrage à 20 euros HT*[1]

| FLUX | EXEMPLAIRES (VENTES EN VOLUME) | CALCULS | CHIFFRE D'AFFAIRES FORT (EN €, EN VALEUR) |
|---|---|---|---|
| Mise en place (office) | 2 000 | 2 000 x 20 € | 40 000 |
| Réassort | 500 | 500 x 20 € | 10 000 |
| Flux allers (office + réassort) | 2 500 | 2 500 x 20 € | 50 000 |
| Retours | 600 | 600 x 20 € | 12 000 |
| Flux nets (flux allers – flux retours) | 1 900 | 1 900 x 20 € | 38 000 |

**CAS D'ÉDITION**

## *Volume vs valeur : décrypter les ventes pour mieux comprendre le marché*

Les analyses selon l'un ou l'autre de ces critères sont importantes car elles peuvent masquer des réalités différentes : un marché ou un segment peut croître en chiffre d'affaires tout en se contractant en nombre d'exemplaires vendus, influençant ainsi les analyses et discours autour de ces données.

- Exemple français : un CA en progression de + 1,16 % mais des volumes en chute de – 1,96 % montrant moins de livres vendus malgré plus d'argent engrangé[2].
- Exemple québécois : les recettes en librairie ont augmenté de + 2,3 %, mais les volumes vendus ont reculé de – 0,8 %, reflet là aussi de l'inflation sur le prix des livres[3].

***La nuance de l'analyse et les discours possibles***

- Discours positif : une croissance financière d'une année à l'autre.

1. Le calcul des ventes s'effectue de la même manière, quel que soit le marché ou la devise utilisée (dollars canadiens, francs suisses, etc.).
2. « Chiffres clés de l'édition 2023-2024 », SNE, 2024.
3. Bilan Gaspard, 2023.

- Discours nuancé : cette hausse masque une réalité moins favorable avec moins de livres qui sont vendus à l'unité dans les faits, ce qui peut être révélateur d'un potentiel essoufflement, de l'augmentation des prix sur le marché ou de nouvelles habitudes d'achat.

Un discours commercial peut donc jouer sur l'une ou l'autre de ces réalités.

*Un prix moyen plus important*

Analyser la valeur seule peut masquer une baisse des ventes en volume, liée à l'augmentation du prix moyen due à des hausses de coûts (comme la crise du papier).

*Comprendre la réalité du marché*

Ainsi que ses dynamiques pour ajuster sa stratégie commerciale et, si besoin, affiner son discours.

## Le prix moyen, un indicateur crucial

Le prix moyen d'un livre est une donnée essentielle, obtenue en divisant le chiffre d'affaires total par le nombre d'exemplaires vendus.

**Formule prix moyen = chiffre d'affaires total / nombre d'exemplaires vendus**

Cette information est utile pour analyser la concurrence, comprendre la position tarifaire d'un produit, mais aussi pour détecter des tendances de consommation (par exemple, une préférence croissante pour des éditions premium ou des formats spécifiques dans un rayon ou sur un segment donné). Un prix moyen élevé, couplé à une baisse des volumes, peut refléter une hausse des coûts ou un segment où les produits sont plus onéreux. On peut l'utiliser sur les prix du marché, des concurrents mais aussi sur nos propres collections, budgets, etc.

## Les pourcentages de retours et d'écoulement : des indicateurs clés

En édition, ces deux pourcentages – qui dépendent des données chiffrées de vente – permettent d'évaluer rapidement la performance d'un ouvrage.

## Pourcentage de retours

Le pourcentage de retours mesure la proportion des exemplaires invendus par rapport au total envoyé. On divise les retours par les flux allers totaux et on multiplie par 100 pour avoir le résultat.

**% Retours = (Flux retours / Flux allers) × 100**

- Un taux supérieur à 30 % indique souvent une mise en place trop ambitieuse ou un manque d'adhésion du public.
- Un taux acceptable varie entre 20 et 30 %, même si certains éditeurs et diffuseurs souhaiteraient en avoir parfois encore moins.
- Certains réseaux de vente ont par essence un plus fort taux de retour (grande distribution notamment).

## Pourcentage d'écoulement

Le pourcentage d'écoulement mesure la proportion d'exemplaires réellement achetés par les lecteurs en magasin, par rapport à ceux initialement envoyés aux points de vente. Ce n'est pas parce qu'un éditeur met en place 2 000 exemplaires qu'ils seront tous vendus.

L'écoulement, aussi appelé sorties caisses, représente les ventes réelles en papier. Ces données sont collectées et compilées de manière hebdomadaire par des panels comme GfK ou Gaspard, qui suivent les performances de chaque ouvrage.

**% Écoulement = (écoulement réel ÷ Mise en place) × 100**

Le taux d'écoulement est donc un indicateur essentiel pour mesurer le succès d'un livre. Il permet de prévoir les retours, les commandes en réassort et les besoins de réimpression.

- Un taux d'écoulement faible peut indiquer une mise en place trop ambitieuse par rapport au potentiel réel de vente, ou une stratégie marketing insuffisante pour soutenir l'ouvrage.
- À l'inverse, un taux élevé peut révéler une sous-estimation du potentiel du livre lors de la mise en place, entraînant un besoin rapide de réassorts, ce qui, bien que positif, montre une opportunité d'optimisation dans les prévisions initiales.

Les spécificités des panels sont détaillées dans le chapitre 6.

Dans la pratique, ces indicateurs permettent :

- d'ajuster les mises en place futures;

- d'identifier les ouvrages performants ;
- de se préparer à réimprimer ou à prendre des retours ;
- de donner une vision claire de la rentabilité et des risques financiers liés aux retours.

Ces notions sont indispensables pour optimiser les stratégies commerciales et mieux anticiper les résultats.

## Le calcul des différents chiffres d'affaires : CA fort vs CA net éditeur

En édition, on distingue deux types de chiffres d'affaires pour mesurer les revenus générés par un livre.

- **Le CA fort** : c'est la valeur totale des ventes globales d'un livre sur le marché, calculée après avoir retiré les retours (flux allers – flux retours = flux nets), mais avant de prendre en compte la part spécifique de chaque acteur. Le CA fort représente donc la valeur globale des ventes de l'ouvrage pour toute la chaîne du livre.
- **Le CA net éditeur** : c'est la part réellement perçue par l'éditeur en fonction du contrat négocié avec son diffuseur. Le CA net éditeur reflète ainsi les revenus réels de l'éditeur après déduction des marges des autres acteurs.

À titre d'exemple, imaginons qu'un éditeur touche 40 % sur les ventes de ses ouvrages et qu'il met en place 2 500 exemplaires à 20 € HT, dont 600 exemplaires sont retournés.

***Tableau 5.2*** *– Exemple du chiffre d'affaires*

| ÉLÉMENT | VALEURS | CALCULS |
|---|---|---|
| Flux allers (exemplaires) | 2 500 | 2 500 exemplaires |
| Flux retours (exemplaires) | 600 | 600 exemplaires |
| Flux nets (exemplaires) | 1 900 | 1 900 exemplaires |
| CA fort (flux nets x prix HT) | 38 000 | 1 900 x 20 € |
| CA net éditeur (CA fort x 40 %) | 15 200,0 | 38 000 € x 0.4 |

## La distinction entre fonds et nouveautés en édition

Le chiffre d'affaires d'un éditeur repose sur deux types de titres.

- **Les nouveautés** sont les ouvrages parus au cours des douze derniers mois. Ils sont soumis à l'office, ce qui signifie qu'ils suivent le cycle de mise en place et donc de retours éventuels. Une nouvelle édition d'un titre déjà existant, comme un classique réédité, est considérée comme une nouveauté d'un point de vue commercial, soumis à l'office en librairie – et donc aux retours – et aux conditions du diffuseur en question.
- **Les ouvrages de fonds** sont les titres publiés depuis plus d'un an. Contrairement aux nouveautés, ils ne sont plus soumis normalement, sauf cas exceptionnels, à l'office ni aux retours. Les ventes issues du fonds sont donc des revenus plus stables et sans risque pour l'éditeur, ce qui améliore considérablement sa rentabilité. Cela est particulièrement vrai pour les éditeurs qui publient des séries, où les tomes précédents continuent à se vendre grâce à l'intérêt renouvelé pour la série. Il est souvent un indicateur de la solidité du catalogue d'un éditeur.

## La remise en vente : redonner de la visibilité à un titre du fonds

Un éditeur peut décider de remettre un ouvrage du fonds en avant, comme une nouveauté, grâce à la remise en vente. Ce processus consiste à repositionner le titre à l'office, travaillé par les représentants auprès des libraires comme une nouveauté et donc également soumis aux retours. C'est par exemple une stratégie commerciale efficace pour relancer l'intérêt pour des titres du fonds et recruter de nouveaux lecteurs.

# LA NOTION DE BESTSELLER

Définir un bestseller est une tâche complexe, car aucun critère strict, tel qu'un seuil de ventes universel, ne vient en délimiter les contours (celui-ci dépendant totalement du marché, de ses différents segments, formats et d'autres critères). On peut le définir comme un livre qui rencontre un succès commercial exceptionnel sur une période donnée. Se pencher sur cette catégorie commerciale d'ouvrage permet de mieux comprendre les dynamiques qui façonnent le marché.

On distingue aujourd'hui deux types de bestsellers selon leur durée de succès à savoir les *fastsellers* ou *shortsellers* qui s'opposent aux *longsellers* dans leurs durées de vie réciproques.

Les *fastsellers* ou *shortsellers* connaissent une explosion rapide des ventes, mais une popularité souvent éphémère avec des ventes décroissantes rapidement. À l'inverse, les *longsellers* – comme les grands classiques – s'inscrivent dans la durée, avec des ventes régulières sur plusieurs années, voire décennies. Ils peuvent avoir des ventes modestes en début de carrière, mais croissantes dans la durée.

Sur un marché de l'édition saturé comme le nôtre, on observe une multiplication des bestsellers, mais avec des volumes de ventes individuels souvent inférieurs à ceux d'autrefois. Cette évolution souligne une dépendance croissante de l'édition à un petit nombre de titres phares, qui représentent une part significative de l'équilibre économique du secteur[1]. Cependant, avec des *fastsellers* moins durables et des ventes plus fragmentées, les éditeurs doivent sans cesse courir après la nouveauté, ce qui alimente une surproduction permanente pour maintenir leur stabilité et impacte le marché.

## La dépendance aux bestsellers et ses risques

Certaines maisons d'édition dépendent fortement d'un petit nombre de titres phares, ce qui représente un risque pour leur stabilité financière. Selon Bertrand Legendre, chez Grasset, 150 nouveautés seulement trois titres représentaient 43 % du chiffre d'affaires en 2017[2]. Ce phénomène touche aussi de plus petites structures, qui doivent capitaliser sur ces succès tout en diversifiant leur catalogue pour limiter leur dépendance, comme les éditions La Volte avec Alain Damasio ou les éditions Alire au Québec avec Patrick Sénécal, leur auteur phare.

1. Bessard-Banquy O., Ducas S. *et al.*, *Bestsellers : l'industrie du succès*, Armand Colin, 2021.

2. *Ibid.*

Les longsellers, eux, sont des ouvrages de fonds sur la durée assurant des revenus réguliers et stables aux éditeurs. Ces derniers sont généralement amortis et génèrent des ventes constantes d'année en année, sans nécessiter d'investissements marketing supplémentaires ni crainte de retours potentiels. Ils réduisent la dépendance aux succès récents et auteurs phares du catalogue de l'éditeur.

> ***Conseil :*** *La répartition des ventes et son importance commerciale*
>
> Idéalement, le chiffre d'affaires d'un éditeur devrait être réparti de manière équilibrée entre différents auteurs, collections, points de vente, et entre les nouveautés et le fonds. Il faut étudier régulièrement ses ventes afin d'avoir une vision juste et prendre des décisions stratégiques pour l'avenir.

## Les facteurs de succès

Les facteurs de succès d'un bestseller reposent sur une combinaison de plusieurs éléments :

- la notoriété de l'auteur ;
- des thématiques en résonance avec l'époque ;
- une stratégie de commercialisation bien pensée et (souvent) un budget marketing conséquent ;
- une visibilité importante (qui peut être virale) ;
- et ce que je nomme le « facteur X » de l'édition.

Le facteur X est ce moment où un livre tombe au bon endroit, au bon moment. C'est ça, la magie de l'édition. Parfois, un titre que rien ne prédestinait à un succès connait un boom inattendu.

BookTok en est un excellent exemple. Il a permis de redonner vie à des titres de fonds qui n'étaient pas des nouveautés. Prenons *Le Chant d'Achille* : des années après sa sortie, il a explosé en popularité parce que les réseaux sociaux l'ont mis en avant et que c'était « son moment ».

# COMPRENDRE LES CYCLES DE VENTE

Dans l'édition, chaque semaine (ou presque), des offices rythment l'arrivée des nouveautés en points de vente. Ces dates d'office marquent le moment où les livres sont officiellement mis en place dans les librairies. C'est à l'éditeur de définir le rythme de ses parutions et de fixer les dates d'office, en fonction de sa stratégie et des moments clés du marché.

On parle de cycles de vente car les éditeurs travaillent toujours par périodes de deux à trois mois de parution. Par exemple, le cycle 1 couvre les parutions de janvier et février. Ces cycles structurent les présentations à la diffusion du programme éditorial, permettant aux équipes commerciales de planifier la mise en avant des titres.

Ces cycles et leurs dates d'office structurent toute la dynamique commerciale, des premiers argumentaires à la mise en rayon. En fonction de l'office choisi, un rétroplanning est établi avec des délais précis : rendu des informations commerciales, fabrication, livraison chez le distributeur et expédition aux points de vente. Ce calendrier logistique rigoureux coordonne efficacement tous les acteurs de la chaîne du livre.

Les grandes étapes du cycle de vente d'une maison d'édition sont les suivantes.

### ▬ La matrice

Environ huit mois avant la sortie d'un titre, l'éditeur rentre dans son système ou dans un fichier tous les éléments techniques pour chaque titre de son programme éditorial afin que ces titres soient créés dans le système du diffuseur et distributeur. Une discussion s'engage avec la diffusion concernant les objectifs de vente pour chaque titre.

### ▬ La fiche de l'ouvrage

Environ six à huit mois avant la sortie, l'éditeur prépare un argumentaire de vente sous forme de fiche commerciale qui met en avant les points forts du livre (éléments techniques du livre, succès de l'auteur et des ventes précédentes, tendances, plan marketing, etc.). Ce sera l'outil et le support principal du représentant par la suite quand il ira en points de vente présenter le titre en question pour prendre les commandes.

**▬ Les présentations commerciales de son programme éditorial à la diffusion**

Ensuite, à la fin du cycle de vente, l'éditeur (souvent les équipes marketing et commerciales) rencontre les représentants et comptes clés du diffuseur pour leur présenter en personne chaque titre de son catalogue. C'est le moment où il peut montrer quelles sont les priorités du cycle et pourquoi. Les représentants iront ensuite dans les points de vente.

**▬ La tournée des représentants et les prises de commandes**

Les représentants, munis de l'argumentaire, rencontrent les libraires pour vendre le livre et rentrer les quantités commandées en fonction de l'intérêt du libraire, de sa clientèle, de ses chiffres de ventes antérieurs, etc.

**▬ Les estimations des mises en place en fonction des commandes**

Ces commandes cumulées formeront la quantité estimative de la mise en place globale du titre ce qui va permettre à l'éditeur d'estimer les ventes initiales en fonction du taux de réalisation par rapport à l'objectif fixé au départ et d'affiner éventuellement le tirage à imprimer.

**▬ La logistique : imprimer et livrer à temps**

Les livres doivent être livrés en moyenne 15 jours – et selon le calendrier du distributeur – avant la date d'office aux entrepôts qui se chargent ensuite de les expédier aux libraires en fonction des quantités commandées.

**▬ Après l'office, le suivi des quantités**

Une fois en librairie, l'éditeur suit les ventes hebdomadaires écoulées et agit au besoin en conséquence, par exemple si une réimpression est nécessaire.

**▬ Les retours éventuels en cas d'invendus**

En fonction de la date d'office, le libraire aura une date butoir précise pour retourner les ouvrages invendus le cas échéant chez le distributeur.

Le cycle de vente est donc une collaboration millimétrée entre tous les acteurs du livre. Chaque étape, de l'argumentaire à l'office, est décisive dans la réussite d'un ouvrage.

# CHAPITRE 6

# Connaître son marché – Fondements stratégiques et analyse

## Points clés

- **Connaître son marché, c'est comprendre les rouages d'un écosystème complexe** et de ses dynamiques pour mieux se positionner tout en répondant aux attentes des lecteurs.
- **Le marché est segmenté par produits ce qui permet de structurer l'offre d'une maison d'édition** en particulier ou sur le marché plus généralement. Il s'agit de définir différentes catégories, genres et rayons littéraires, pour faciliter l'organisation de l'offre, le positionnement efficace de chaque ouvrage tout en répondant aux attentes et habitudes de consommation des différents lecteurs.
- **Le marché est structuré et analysé grâce à différents types de données** qu'elles soient internes ou externes à l'entreprise. Les panels sont un levier d'analyse et de prise de décision qui permettent de suivre les tendances, d'analyser les ventes et d'estimer le potentiel d'un titre ou d'un segment. Ils permettent également d'obtenir un portrait du marché et de ses segments ainsi que d'anticiper leurs diverses performances.

Connaître son marché est un pilier fondamental du marketing stratégique. Avant même de concevoir un produit ou de lancer une campagne, il est essentiel d'étudier en profondeur les dynamiques qui influencent le secteur : les acteurs, les tendances, les attentes des consommateurs et les règles du jeu concurrentiel. Dans ce chapitre, nous allons explorer les notions clés qui permettent de comprendre et de maîtriser son marché.

# COMPRENDRE LE MARCHÉ

Le marché peut être appréhendé de manière différente en fonction des objectifs et des enjeux stratégiques. Voici trois perspectives qui se complètent pour offrir une compréhension globale du terme et de ses différentes définitions[1].

## Un espace organisé et des chiffres mesurables

Un marché peut se définir comme l'ensemble des acteurs, des produits et des échanges qui structurent un secteur. En édition, il regroupe tout ce qui concerne les livres, des lecteurs actuels ou potentiels jusqu'aux différents acteurs du livre qui forme le « marché de l'édition » ou le « marché du livre ».

Pour mieux comprendre ce marché, il est essentiel d'évaluer sa taille, sa dynamique (est-il en hausse ou en baisse ?) et ses tendances, à travers des indicateurs clés comme les volumes de ventes, les parts de marché[2] et les performances par catégorie. Chaque marché a un poids spécifique et n'obtient pas les mêmes résultats selon les catégories de ventes, le nombre de titres mis en vente, les ventes moyennes, etc.

À tire d'exemple, le marché du livre français en 2023 pèse en valeur de 2 945 millions d'euros en chiffre d'affaires pour les éditeurs et représente en volume 439,7 millions d'exemplaires vendus. Près de 70 000 titres sont publiés chaque année.

1. Desaive S. et Poggioli N., *Le marketing du livre : études et stratégie*, éditions du Cercle de la Librairie, 2006.

2. Les parts de marché correspondent aux ventes d'une entreprise ou d'une sélection de son catalogue, rapportées au total des ventes du marché ou à l'ensemble de son catalogue.

## Un ensemble de consommateurs actuels ou potentiels

Un marché ne se limite pas uniquement à des chiffres : il représente avant tout les personnes qui achètent ou consomment les produits et qui, grâce à leurs achats et leurs goûts, influencent par la suite les différents chiffres et dynamiques du marché. En édition, les profils des consommateurs sont très variés, allant des particuliers aux collectivités en passant par des entreprises et autres organisations (*voir* chapitre 9).

## Un espace concurrentiel

Le marché est aussi un lieu où cohabitent de nombreux acteurs qui cherchent à capter l'attention des consommateurs. Chaque acteur adopte des stratégies spécifiques pour se différencier, que ce soit par le choix des genres publiés, la qualité des ouvrages ou les actions de promotion mises en place.

Pour comprendre cet environnement concurrentiel, il est nécessaire d'évaluer :

- les forces et faiblesses des concurrents directs (par exemple, d'autres maisons d'édition publiant dans le même segment) ;
- les pratiques émergentes, comme l'autoédition, qui permettent à des auteurs de contourner les modèles traditionnels et de publier directement en ligne ;
- les initiatives participatives comme le *social financement,* qui redéfinissent certaines règles de commercialisation et de financement d'ouvrages, notamment grâce aux précommandes.

Une analyse concurrentielle approfondie aide les maisons d'édition à se positionner stratégiquement et à faire des choix pour toucher par exemple un public plus large ou se lancer dans d'autres types d'ouvrages ou de catalogues car il y a une opportunité de développement.

En résumé, le marché peut être vu comme un lieu d'échange où se croisent consommateurs, produits et concurrents. Il se divise en trois composantes essentielles :

- le marché actuel (autrement dit les lecteurs déjà atteints) ;
- le marché potentiel (à savoir les lecteurs à conquérir et/ou à convertir) ;
- le marché théorique qui représente la taille maximale atteignable selon les études et les différentes réalités et chiffres.

# LA SEGMENTATION PAR PRODUITS

## Catégories d'offres et segmentation

La segmentation par produits consiste à découper un marché global en différents segments selon des critères précis liés à l'offre. En édition, cela consiste à classer les ouvrages selon leurs catégories et leurs genres, comme la littérature générale, la jeunesse, la bande dessinée ou encore la vie pratique. Cette segmentation est essentielle car elle définit où et comment les livres seront présentés aux consommateurs dans les points de vente.

L'organisation de l'offre est stratégique. Un roman peut relever de plusieurs genres, mais l'éditeur ou l'auteur autoédité doit choisir celui qui aura le plus d'impact auprès du public visé. Ce choix détermine le rayon en librairie ou les catégories sur les plateformes numériques. Les rayons, qu'ils soient physiques ou numériques, ne sont pas de simples étiquettes : ils reflètent les attentes des lecteurs et jouent un rôle clé dans la commercialisation et la perception des livres.

### *L'importance des rayons littéraires, un levier stratégique essentiel…*

Les rayons littéraires sont bien plus que de simples étagères : ils structurent l'expérience d'achat et reflètent les attentes des lecteurs. Les libraires, grâce à leur interaction quotidienne avec le public, possèdent une vision fine de leur fonctionnement. Ces espaces stratégiques façonnent la perception des ouvrages et influencent leur succès commercial.

Le choix du rayon peut être décisif : un roman oscillant entre thriller et littérature générale sera perçu différemment selon son placement. L'exemple de la « bit-lit » illustre bien cette dynamique : créer ce genre dans les années 2010 a permis de donner une place à la romance paranormale en l'intégrant sous cette appellation classée dans les rayons Imaginaire, ce qui a permis de lui donner une visibilité et une place en librairies francophones, alors qu'à l'époque il n'y avait pas de rayon romance où elle aurait pu être placée. La bit-lit a boosté le rayon imaginaire de +31 % en 2010 grâce à des succès comme *True Blood* de Charlaine Harris *(source : Ipsos, 2010)*.

En numérique, les catégories et mots-clés jouent un rôle similaire. Un livre peut apparaître dans plusieurs rayons virtuels, mais ces choix restent cruciaux pour atteindre le bon public. Ces décisions influencent également la création et le marketing, car un ouvrage conçu pour le young adult n'aura ni le même packaging ni le même discours qu'un livre destiné au rayon adulte.

## Les sources d'information marketing (SIM) pour analyser les données

Pour analyser un marché et segmenter son offre, les sources d'information marketing (SIM) regroupent des outils et processus qui permettent de collecter et d'utiliser des données essentielles à la prise de décision. Ces informations orientent les stratégies marketing, qu'il s'agisse de l'offre (produits), de la demande (consommateurs) ou des tendances du marché.

Dans un environnement saturé d'informations, les SIM aident à évaluer la place d'un éditeur sur le marché, analyser la santé d'un segment ou identifier des tendances pour ajuster ses choix éditoriaux. Bien que ces outils couvrent aussi l'analyse des cibles, nous nous concentrerons ici sur leur rôle dans la structuration de l'offre, avant d'explorer des exemples concrets comme GfK ou Edistat en France, ou Gaspard au Québec.

Les SIM peuvent être classées selon leur origine et leur fonction. Elles se déclinent principalement en trois catégories : internes, externes et numériques.

- **Les données internes à l'entreprise** sont issues de l'activité de l'entreprise et offrent une analyse rapide et précise des performances. Elles incluent les statistiques de ventes (exemplaires vendus, taux de retour, exemplaires stockés, etc.), les données clients (performances, etc.) et les feedbacks des consommateurs (via des newsletters, l'historique d'achats, des commentaires, des formulaires en ligne, etc.).
- **Les données externes à l'entreprise** sont des informations issues d'acteurs ou de structures extérieures à l'entreprise, qui incluent les sorties caisses et études des panels tels que GfK et Edistat en France, ou encore Gaspard au Québec. Elles intègrent aussi les études et bilans publiés par des organisations professionnelles comme le SNE, l'Association nationale des éditeurs de livres (ANEL) au Québec ou encore par le gouvernement.

- **Les données numériques.** Le digital a simplifié l'accès aux informations marketing et offert de nouveaux outils pour analyser les comportements des lecteurs (via des sondages en ligne, des données telles que les abonnés newsletters, les sondages en stories, les taux d'engagement, les commentaires sur les réseaux sociaux, etc.) ou encore les plateformes numériques (Kindle Direct Publishing ou Wattpad) qui fournissent des insights précieux sur les lecteurs.

## *Les panels, des outils clés pour l'édition*

Un panel est un échantillon représentatif de points de vente, consommateurs ou professionnels, qui fournit des données régulières sur les comportements d'achat ou les ventes (source : Symetris). Dans l'édition, il s'agit de ventes effectives, collectées en caisse, publiées périodiquement, et extrapolées pour refléter le marché global.

Les panels, comme GfK en France ou Gaspard au Québec, permettent d'analyser les ventes de livres, de structurer l'offre et de mesurer sa position sur le marché. Ils offrent des données chiffrées et segmentées par catégories, genres ou zones géographiques.

Véritable tableau de bord chiffré pour les éditeurs, les panels permettent de prendre des décisions éclairées à chaque étape de la chaîne éditoriale. Ils offrent des données fiables et actualisées qui aident à structurer l'offre, à anticiper les tendances, à comprendre sa position sur le marché, à questionner éventuellement et à affiner leurs stratégies marketing et commerciales. Grâce à ces analyses, il devient possible d'adopter une approche plus agile et proactive dans la définition et l'évolution de l'offre éditoriale.

- Structuration et optimisation de l'offre éditoriale en fonction des performances des différents genres, formats ou catégories de livres.
- Pilotage des décisions stratégiques comme le lancement ou l'arrêt de collections spécifiques grâce à l'identification des secteurs en croissance, ceux qui stagnent ou déclinent, offrant une base solide pour décider du lancement ou de l'arrêt de collections ou de segments spécifiques.
- Suivre l'évolution des rayons et notamment les segments qui dominent, les niches qui émergent ou les prix pratiqués sur un segment donné.
- Identifier les tendances émergentes en amont et anticiper sa stratégie commerciale en fonction.

À titre d'exemple, les panels GfK ont permis de repérer l'essor des mangas en France dès 2019, avant leur explosion en 2021 où les ventes ont bondi de 30 % en une année. Les éditeurs qui ont investi rapidement sur ce segment, comme Kana ou Pika, ont pu occuper une position stratégique et fidéliser une large base de lecteurs. D'autres maisons d'édition se sont lancées au même moment et ont profité de ce momentum en analysant les ventes du secteur[1].

Afin d'optimiser ses performances commerciales, il est essentiel d'adapter ses stratégies en fonction des leviers du marketing mix. Tout d'abord, le produit doit être aligné sur les tendances du marché et les attentes des consommateurs afin d'assurer sa pertinence et son attractivité. Ensuite, la politique tarifaire doit être ajustée en fonction des stratégies des concurrents, permettant ainsi de rester compétitif tout en maximisant la rentabilité. Par ailleurs, les choix des points de vente et des périodes de commercialisation doivent être optimisés afin de tirer parti des circuits les plus performants et des moments de forte demande. Enfin, les campagnes promotionnelles doivent être adaptées en fonction des besoins et des opportunités du marché, garantissant ainsi une communication efficace et un impact maximal sur la cible visée.

Ainsi, si une maison d'édition observe, via les panels, que les ventes d'un thème explosent en ce moment chez des concurrents, elle peut décider de ressortir des ouvrages ressemblants avec des nouvelles éditions pour capter ce public.

Autre cas : si les ventes d'un grand format s'essoufflent, les données peuvent inciter à proposer une édition poche pour relancer l'intérêt. Ce choix, différé jusqu'ici pour éviter de cannibaliser les ventes du grand format, est guidé par les insights des panels.

Ces ajustements passent par plusieurs actions clés :

- réaliser une veille concurrentielle et analyse des performances des concurrents ;
- estimer le potentiel des ventes en fonction d'analyse d'ouvrages similaires chez des concurrents afin de faire des projections réalistes ;
- accompagner la gestion et l'optimisation des stocks en anticipant les périodes de fortes demandes, en ajustant les tirages ou réimpressions, etc. ;

1. Bilans des ventes 2019 à 2023, Nielsen GFK, 12 janvier 2023.

- comprendre les comportements d'achat sur le marché en question et sur certains segments spécifiques ;
- établir les palmarès des bestsellers.

> ***Exemple :*** *Le succès du « 12 août, j'achète un livre québécois » et son impact sur la saisonnalité des ventes*
>
> Lancée en 2014, l'initiative « Le 12 août, j'achète un livre québécois » invite chaque année les lecteurs à soutenir la littérature locale en achetant au moins un ouvrage d'un auteur québécois. L'été, habituellement marqué par une certaine stabilité des ventes, connaît un véritable rebond grâce au 12 août. Les données montrent que cette journée booste les ventes du mois d'août de manière spectaculaire, en la plaçant comme l'un des mois les plus performants de l'année. En incitant les lecteurs à acheter massivement en une seule journée, cette initiative transforme une période souvent calme en une opportunité stratégique pour les éditeurs et les librairies.
>
> Certaines librairies rapportent que jusqu'à 15 % de leur chiffre d'affaires annuel peut être réalisé sur la seule journée du 12 août[1].
>
> Au-delà de l'été, le 12 août joue un rôle structurant dans les performances annuelles du marché québécois du livre. Le panel Gaspard permet de rendre compte de l'évolution et de l'impact croissant de cette initiative pour le marché du livre québécois, ses auteurs et toute la chaîne du livre concernée.

Notons que les panels sont des outils particulièrement importants en commercialisation et marketing du livre et ce pour tous les acteurs en question. Bien que ces outils soient indispensables pour une analyse fine et une meilleure organisation du marché, ils restent un investissement coûteux. Leur utilisation, bien que largement profitable aux éditeurs, requiert une gestion stratégique pour maximiser leur potentiel et justifier leur coût.

1. Source : https://gaspard12aout.ca/

### *L'importance des palmarès des meilleures ventes*

Les panels permettent d'élaborer des palmarès des ventes, qu'ils soient internes ou publics.

**Des arguments marketing essentiels** : ces classements sont des arguments marketing essentiels, renforçant la visibilité des ouvrages et leur attractivité auprès des lecteurs et des professionnels.

**Attractivité et curiosité du titre renforcées** : être « n° 1 des ventes » peut être mis en avant via des bandeaux promotionnels ou dans la communication des ouvrages concernés.

**Un argument commercial international** : il s'agit d'un levier d'influence international et un argument commercial que ce soit pour l'acquisition de droits étrangers ou sur les réseaux sociaux à mettre en avant (comme celui du *New York Times*).

**Une influence accrue auprès des libraires** : ils sont d'autant plus importants que les libraires regardent ce palmarès et s'en servent parfois pour commander des titres.

Comprendre son environnement, segmenter ses produits et s'appuyer sur des outils comme les panels permettent d'offrir une vision claire des dynamiques en jeu, des concurrents et des différents acteurs, des tendances à suivre, et des opportunités. Ces éléments sont indispensables pour construire une stratégie éditoriale cohérente, qu'il s'agisse de positionner un ouvrage, de structurer une nouvelle collection ou de répondre à des attentes spécifiques du lectorat.

Cependant, pour aller encore plus loin dans l'analyse et maximiser l'efficacité de ses choix stratégiques, il est crucial d'explorer la notion de marché, les outils et stratégies en rapport avec ce dernier.

# Comprendre les dynamiques de marché avec les outils d'analyse stratégiques macroéconomiques

## Points clés

- **Comprendre son marché, c'est décoder son environnement et les forces externes en présence**, tout en cernant la conjoncture, les types de marchés et de concurrences dans lesquels on opère.
- **Deux outils majeurs permettent d'y voir plus clair :** Pestel et Porter sont des modèles macroéconomiques qui décryptent les dynamiques globales et concurrentielles du secteur.
- **Les structures de marché déterminent les règles du jeu :** monopoles, oligopoles ou marchés de concurrence plus ouverte. Dans l'édition, c'est souvent l'oligopole qui domine, avec des groupes géants dominants qui concentrent la majorité de l'offre, façonnant par ricochet le paysage et impactant les indépendants et les plus petits acteurs présents.

Dans une industrie de l'édition en constante évolution, il est essentiel de savoir où l'on se situe et où l'on souhaite aller. Comprendre les forces qui façonnent le marché, identifier les opportunités et anticiper les menaces (c'est-à-dire effectuer une analyse macroéconomique) constitue les fondations indispensables pour toute entreprise cherchant à se positionner ou à se lancer dans ce secteur (et dans n'importe quel secteur par ailleurs).

L'analyse d'un marché est une démarche stratégique qui permet d'avoir une vision globale et éclairée, nécessaire pour prendre des décisions stratégiques cohérentes à impact. Avant de plonger dans les détails, il est primordial d'explorer les dynamiques concurrentielles qui structurent le marché, et notamment les différents types de marchés, l'état de la concurrence ainsi que les différentes implications pour les acteurs y évoluant.

# LES DIFFÉRENTES STRUCTURES DE MARCHÉ

Dans l'industrie du livre, comme dans d'autres secteurs, comprendre les structures de marché, c'est aussi observer comment se répartit la concurrence, et notamment combien d'acteurs y sont présents, quels sont leurs poids et leurs positions respectives. Les entreprises présentent coexistent-elles entre elles ou un seul acteur domine-t-il sans partage ?

Au-delà de mesurer le poids des acteurs, il est essentiel de comprendre leurs interactions et la structuration du marché pour définir des stratégies et actions adaptées. Selon leur position (indépendants, petits ou grands, ou intégrés à un groupe), les éditeurs adopteront des approches spécifiques.

Pour y voir plus clair, voici les différentes structures de marché adaptées au contexte de l'édition.

## Le monopole : un acteur unique en terrain conquis

Le monopole est une structure où un seul acteur contrôle tout un marché, sans concurrence directe. Cet acteur fixe les règles, de la tarification aux conditions commerciales, laissant peu ou pas d'alternatives aux clients. Il illustre une concentration extrême du marché, offrant un avantage considérable à l'acteur unique mais posant des défis de compétitivité, de diversité d'offre et de prix.

Il est à noter que l'hyper-domination via un monopole trop important et quasi exclusif est toujours très préoccupante pour des fournisseurs ou des clients qui en sont dépendants ou risqueraient de l'être. Ce type de situation doit être surveillé et, si nécessaire, endigué, en favorisant une diversité d'acteurs, d'intervenants, d'offres et de facto de possibilités afin d'éviter une « dictature » potentielle et une totale dépendance.

**CAS D'ÉDITION**

## *Amazon, l'exemple d'une domination dans plusieurs domaines de l'édition*

Amazon domine plusieurs segments de l'édition : livres physiques, ebooks, autoédition via KDP et audiobooks avec Audible. Grâce à des stratégies innovantes, cette entreprise a redéfini l'industrie, tout en suscitant des préoccupations quant à son influence croissante.
Dès 1994, Amazon a séduit les consommateurs avec des prix attractifs, parfois à perte, et une livraison rapide. Cette stratégie a consolidé sa position de leader mondial le faisant devenir le premier vendeur de livres physiques aux États-Unis et dans le monde, fragilisant les librairies[1].

- Le lancement du Kindle, une innovation en 2007, a marqué un tournant majeur dans l'édition numérique. Amazon a rapidement acquis un énorme monopole devenant le plus grand libraire sur l'ebook également.
- L'introduction de l'abonnement Kindle Unlimited dans un second temps a transformé les habitudes de lecture en permettant un accès illimité à des milliers de titres.

Kindle Direct Publishing a démocratisé et est largement dominant sur l'autoédition.
Avec Audible, Amazon détient environ 65 % du marché américain des audiobooks. L'intégration d'Audible à l'abonnement Amazon Prime a renforcé cette domination[2].

1. « How Amazon Changed the Book Market », *The New York Times*, 2020.
2. « Audible's Market Share », *The Verge*, 2021.

Amazon excelle dans la diversification grâce à une innovation sur différents segments. Chacun de ceux qu'il conquiert s'intègre dans un écosystème global qui fidélise les consommateurs. Cependant, cette position dominante soulève des questions importantes que nous retrouvons dans le cas des monopoles hyperdominants.

## L'oligopole : quelques géants qui dominent

Un oligopole est une forme de domination partagée qui se caractérise par la présence de quelques acteurs puissants se partageant l'essentiel du marché et exerçant une influence considérable sur ce dernier. La concurrence y est forte entre ces quelques acteurs dominants, protégés par des barrières élevées à l'entrée qui limitent l'accès à des nouveaux entrants. Les acteurs ne se contentent plus de coexister ou de seulement se faire concurrence : ils finissent par se racheter entre eux ou par absorber des structures plus petites, renforçant ainsi leur domination et limitant progressivement l'espace laissé aux éditeurs indépendants ou aux nouveaux entrants. Cette concentration du marché peut notamment entraîner une uniformisation de l'offre, des inégalités de pouvoir sur le marché au détriment des petites structures et l'absorption des maisons indépendantes, réduisant ainsi la diversité et l'innovation.

L'édition illustre parfaitement ce phénomène. C'est une industrie où les grands groupes se renforcent régulièrement par des rachats successifs, donnant lieu à des stratégies de positionnement et des choix éditoriaux qui façonnent l'ensemble du paysage. Pour bien comprendre l'édition aujourd'hui, il est essentiel de comprendre ce qu'est cette forme de marché et ses conséquences. C'est en effet une tendance forte que ce soit sur le marché français, québécois ou même nord-américain et mondial.

En France, l'édition est dominée par des grands groupes qui concentrent une large partie du marché, à savoir Hachette Livre (désormais dans le groupe Bolloré), Interforum-Editis, Madrigall (Gallimard/Flammarion), Albin Michel et Media-Participations. Ces groupes, au fil des années, ont renforcé leur puissance en absorbant des éditeurs plus petits et en procédant à des rachats stratégiques entre eux.

Les exemples récents de cette concentration sont nombreux. Ainsi, Vivendi (Groupe Bolloré) a finalisé le rachat d'Hachette Livre en 2023, tandis que

Media-Participations s'est emparé du groupe La Martinière dès 2017. Albin Michel, de son côté, a multiplié les acquisitions, s'offrant la maison d'édition et ses labels Leduc (2017) et le diffuseur numérique E-Dantes (2024). Bragelonne, éditeur indépendant, a été racheté par Hachette Livre en 2022.

Ce mouvement s'accélère en remodelant par ricochet le paysage éditorial français en entier et les autres marchés sur lesquels ces groupes sont présents. Il renforce la domination des grands groupes du secteur mais rétrécit en même temps les marges de manœuvre des éditeurs indépendants ou de taille plus modeste.

Face à cette centralisation croissante, certains éditeurs de taille intermédiaire s'organisent pour survivre et adoptent une stratégie offensive de croissance externe plutôt que de se faire absorber. Le rachat de l'éditeur Hugo & Cie par Glénat en 2023 en est un excellent exemple.

Certains éditeurs anticipent également la dépendance potentielle aux structures de diffusion/distribution des grands groupes en développant leurs propres réseaux de diffusion.

Sur le plan mondial, l'édition est également une industrie dominée par cinq géants surnommés les « Big Five ». Ces cinq groupes concentrent la majorité des publications en anglais en tant que maisons d'édition, mais ont aussi une part croissante des marchés européens où ils sont à la fois concurrents et partenaires sur certains secteurs. Ils possèdent des centaines de marques éditoriales et labels couvrant tous les segments et types d'ouvrages.

John B. Thompson, dans son ouvrage *Merchants of Culture*[1], explique bien comment cette concentration s'est mise en place progressivement. Les Big Five ont su s'imposer grâce à plusieurs leviers :

- un accès exclusif aux bestsellers puisqu'ils ont les moyens et la trésorerie pour signer de grands auteurs et faire des enchères ;
- un pouvoir de négociation massif où ils dictent souvent les conditions car incontournables sur le marché, leurs ouvrages étant les plus gros vendeurs du marché ;
- une diversification et une présence sur tous les segments grâce à leurs différents labels au-delà des maisons d'édition ;
- une présence mondiale qui renforce leurs positions, leur permet d'être présents massivement et de vendre les droits de leurs propres ouvrages en langues étrangères à leurs filiales en priorité.

1. Thompson J. B., *Merchants of Culture: The Publishing Business in the Twenty-First Century*, Penguin Random House, 2010.

## La concurrence monopolistique : se démarquer dans la diversité

La concurrence monopolistique se fait par rapport à l'offre proposée qui est dans un sens similaire (sur le même créneau ou même segment), mais de manière différenciée grâce notamment à des innovations. Dans ce type de marché, les acteurs sont nombreux, les produits similaires, mais chacun tente de se différencier par une touche unique. En clair, tout le monde vend du livre, mais personne ne le fait exactement de la même manière. La difficulté avec la concurrence monopolistique, c'est sa demande d'innovation constante pour se différencier.

En synthèse, les différentes structures de marché influencent directement les stratégies éditoriales et marketing mis en place par les différents acteurs. Dans un segment particulièrement touché par la concentration, un éditeur indépendant devra miser sur des niches ou des différenciations fortes pour se faire sa place, alors que dans le cadre d'un segment touché par une concurrence monopolistique, il devra capitaliser sur des éléments des stratégies de différenciation spécifiques.

# L'ANALYSE MACRO-ÉCONOMIQUE AVEC PESTEL

Un nombre de facteurs externes façonnent l'environnement et le marché lui-même. Ce sont ces éléments parfois invisibles, mais bien réels, qui influencent l'édition, souvent sans qu'on s'en rende compte.

Le modèle Pestel analyse ces influences externes pour éclairer les décisions stratégiques : lancement d'un produit, création d'une maison d'édition ou négociations commerciales. Dans l'édition, cet outil aide à anticiper les tendances, évaluer les risques et préparer l'avenir. Il identifie six facteurs majeurs pour comprendre et s'adapter à un marché en constante évolution : politique, économique, sociologique, technologique, environnemental et légal.

# La politique, omniprésente dans l'édition

En édition, la politique n'est jamais loin. Cette industrie est en effet très impactée par la volonté des dirigeants et des orientations choisies. La politique et le légal sont intrinsèquement liés, la loi étant par extension l'outil et souvent le moyen de mise en action directe des différentes politiques.

En France, la loi Lang de 1981 est l'illustration parfaite de cette relation étroite entre politique et livre. Elle garantit le prix unique du livre et traduit une volonté politique claire : protéger les librairies indépendantes et préserver une diversité éditoriale.

La politique s'exprime aussi à travers des subventions et la mise en place de dispositifs comme le Pass Culture, qui a stimulé l'achat de livres chez les jeunes de moins de 18 ans en leur offrant 300 euros à dépenser. Cette politique a largement profité à l'édition. Selon une étude, 9 bénéficiaires sur 10 réservent des livres avec leur pass Culture et dépensent 54 % de leur crédit dans cette catégorie. Plus de 7,5 millions de livres ont été achetés sur l'application, ce qui représente 75 millions d'euros redistribués au secteur du livre entre janvier et décembre 2022. C'est donc un parfait exemple de l'impact de la politique sur le marché en général (et sur le manga puisque 44 % des livres achetés en étaient)[1].

# Économique : les réalités du livre

Impossible de parler d'édition sans évoquer les réalités économiques. Les crises, les pénuries, des épidémies et l'inflation se répercutent directement sur les coûts de production et donc sur les marges des éditeurs et des libraires.

Un exemple marquant reste la crise du papier de 2021-2022. En pleine reprise post-covid, la demande explose mais les papetiers ne suivent plus, ce qui cause une inflation sans précédent des coûts d'impression d'environ 85 % en 2022. Certains éditeurs ont dû augmenter les prix de leurs livres de 10 à 20 % pour compenser a minima, provoquant parfois un recul des ventes[2].

1. « Le livre sur le pass Culture : Tout d'horizon des pratiques des jeunes », SNE, avril 2024.

2. Georges P., « Réédition, poche, crise du papier : comprendre l'inflation des prix du livre », *Livres Hebdo*, 11 janvier 2023.

## Sociologique : évolution des habitudes de consommation et de la société

La société influence profondément l'évolution du rapport à la lecture, au livre et à son marché. L'évolution des habitudes de lecture, l'essor de phénomènes viraux comme BookTok, ainsi que la diversification des formats, notamment la popularité croissante des audiobooks et des podcasts littéraires (+25 % en France en 2023), transforment le paysage littéraire.

## Technologique : l'ambivalence de l'innovation et de ses impacts sur l'édition

La technologie a révolutionné l'édition par ses innovations, par exemple sur les formats. Elles touchent aussi d'autres domaines comme le cross et le transmédia, l'intégration des QR codes dans certains ouvrages qui ajoutent des possibilités quant au contenu, les formes d'édition (autoédition, webtoon, etc.), l'impression à la demande (POD) etc. Mais toutes les avancées ne sont pas perçues comme des opportunités, notamment l'intelligence artificielle (IA), le grand sujet du moment qui crée beaucoup de craintes dans l'industrie.

## Environnemental : écologie & cie

Avec les préoccupations écologiques croissantes, les pratiques de l'industrie évoluent et le fait d'utiliser du papier recyclé, une encre spécifique ou encore de limiter les pilons modifient nos pratiques et peuvent même devenir des vrais arguments marketing.

## Légal : un cadre qui structure et protège

Nous l'avons vu, légal et politique sont indissociables. Chaque décision politique se traduit tôt ou tard par une loi qui vient encadrer ou stimuler le marché. Évidemment, qui dit édition dit loi sur les prix du livre, mais pas uniquement.

En 2022, pour continuer dans la volonté de protéger les libraires indépendantes de limiter la position dominante d'Amazon, qui proposait jusque-là la livraison gratuite, la loi a été renforcée avec l'instauration de frais de port minimum de 3 euros pour les commandes de livres. Cette loi est mise en application depuis octobre 2024[1].

Au Québec, comme nous l'avons également déjà mentionné, la loi 51 impose que les bibliothèques et autres institutions publiques s'approvisionnent auprès d'un certain nombre de librairies locales agréées exclusivement. Un moyen efficace de soutenir l'industrie locale.

Mais comprendre ces dynamiques ne suffit pas. Pour aller plus loin et affiner sa stratégie de positionnement, il est essentiel de compléter cette analyse par un modèle plus centré sur la structure du marché et la concurrence directe.

# L'ANALYSE DES FORCES DE PORTER : DÉCRYPTER L'ATTRAIT ET LES DYNAMIQUES D'UN MARCHÉ

Le modèle des forces de Porter nous permet de nous situer au centre du marché lui-même et ainsi d'en comprendre les dynamiques internes. Développé par Michael Porter, professeur à Harvard, ce modèle aide à évaluer l'attractivité d'un marché et sa compétitivité. L'objectif est d'identifier les forces en présence et les différents acteurs qui façonnent la concurrence, en comprendre les dynamiques et où nous sommes positionnés dans cet écosystème[2].

1. « Le montant réglementé des frais de port des livres fixé à 3 euros », *Actualitté*, septembre 2022.

2. Porter M. E., "The Five Competitive Forces That Shape Strategy", *Harvard Business Review*, 2008.

## Force 1 : la rivalité entre les concurrents existants

La rivalité entre maisons d'édition – ou entre d'autres acteurs du livre – varie selon les segments et la croissance du marché. Une offre ou un secteur en expansion, à l'instar de *romantasy* récemment, offre de la place pour plusieurs acteurs, mais peut vite se saturer. À l'inverse, dans un marché stagnant ou en déclin, comme les livres de cuisine, il est difficile de se démarquer : de nombreuses collections s'arrêtent.

## Force 2 : la menace des nouveaux entrants

Le marché de l'édition, avec ses barrières à l'entrée (diffusion, distribution, coûts, marges serrées), reste difficile d'accès. Cependant, l'émergence de nouveaux acteurs via l'autoédition et les plateformes numériques prouve que des opportunités existent, notamment sur des créneaux spécifiques. Les nouveaux entrants trouvent souvent leur place sur des marchés de niche ou en explorant des modèles alternatifs avant de pouvoir prétendre à une percée dans l'édition traditionnelle.

## Force 3 : le pouvoir de négociation des fournisseurs

Les fournisseurs jouent un rôle crucial, qu'il s'agisse des imprimeurs, des papetiers ou même des créateurs (auteurs, illustrateurs). Les rapports de force dépendent souvent de la conjoncture, pouvant s'inverser rapidement en fonction des circonstances.

La crise du papier est un parfait exemple du renversement des forces en présence. En effet, la pénurie post-covid a renforcé la position des imprimeurs et papetiers, alors que la demande explosait et que l'offre peinait à suivre. Les coûts d'impression ont bondi (+45 % en moyenne, jusqu'à 80 % pour certains matériaux selon *Actualitté*[1]), et les délais se sont allongés. Les éditeurs

1. « 2023 et la "permacrise" du papier : l'industrie du livre inquiète », *ActuaLitté* 17 décembre 2022.

ont réduit leurs tirages, reportés ou annulés des sorties. Ceux qui n'avaient pas de relations solides avec leurs fournisseurs se sont retrouvés en difficulté, confrontés à des choix complexes comme retarder des sorties, limiter les réimpressions ou absorber eux-mêmes ces coûts.

Les auteurs et illustrateurs, base même des œuvres, sont également des fournisseurs stratégiques. Si les maisons d'édition traditionnelles ont longtemps dominé, l'essor de l'autoédition et des réseaux sociaux rééquilibre de plus en plus les rapports de force. Pour attirer et fidéliser les talents, les éditeurs investissent davantage dans :

- des conditions contractuelles attractives ;
- des avances significatives ;
- des campagnes de communication personnalisées.

Ces dynamiques soulignent l'importance de maintenir des relations solides avec l'ensemble des fournisseurs pour garantir la pérennité et la flexibilité de l'industrie.

## Force 4 : le pouvoir de négociation des clients

Les clients exercent une influence considérable sur le marché. Cela inclut à la fois les grandes chaînes et réseaux de distribution mais aussi les lecteurs eux-mêmes, dont les attentes évoluent rapidement. Amazon, par exemple, exerce un pouvoir écrasant sur l'édition en imposant ses conditions, parfois au détriment des marges des éditeurs et de tous les autres acteurs du livre. Mais ce pouvoir s'étend aussi aux lecteurs. BookTok et les réseaux sociaux ont transformé le consommateur en acteur clé du succès d'un livre. Aujourd'hui, une simple tendance TikTok peut propulser un livre oublié au sommet des ventes, forçant les éditeurs à suivre ces nouvelles dynamiques.

## Force 5 : la menace des produits de substitution

Le livre n'est plus l'unique produit de consommation culturelle. Aujourd'hui, entre œuvres audiovisuelles, jeux vidéo, podcasts ou même vidéos YouTube, les alternatives captent de plus en plus de temps de loisir. Cette cannibalisation représente un véritable enjeu pour l'industrie du livre, où même les téléphones et applications sociales deviennent des concurrents directs.

De même, au sein même de l'écosystème éditorial, des formats substituts, comme l'autoédition, les webtoons, les fanfictions ou les œuvres sur Wattpad, bouleversent l'édition traditionnelle en offrant une diversité d'accès et d'expériences.

## Force 6 (5+1) : l'influence des pouvoirs publics

En complément des cinq forces de Porter, l'influence des pouvoirs publics reflète l'impact des décisions politiques et légales sur une industrie. En effet, comme vu avec l'analyse Pestel, le secteur du livre est profondément influencé par les dimensions légale et politique. Les lois, les subventions publiques ou encore les programmes d'accès à la culture et à la lecture jouent un rôle structurant.

# Comprendre sa stratégie et son positionnement interne avec les modèles SWOT et BCG

## Points clés

- **Gérer et développer son catalogue, c'est jongler entre analyse stratégique (macro) et introspection (micro)**, en utilisant des outils comme SWOT et la matrice BCG
- **Le SWOT est un outil d'introspection sur sa situation actuelle.** Il permet de faire le point sur les forces, faiblesses, opportunités et menaces.
- **La matrice BCG est une projection stratégique et de gestion de portefeuilles. Elle permet de classer les ouvrages du catalogue en fonction de leur rentabilité et potentiel de croissance, guidant ainsi les choix stratégiques d'investissement.**
- **Le cycle de vie des produits (lancement, croissance, maturité, déclin) est au cœur de la matrice BCG et permet d'anticiper les évolutions des ventes.**
- **Les locomotives éditoriales** (bestsellers ou valeurs sûres) soutiennent les ouvrages plus fragiles ou les paris éditoriaux.

Si l'analyse macroéconomique nous aide à décrypter les forces extérieures qui influencent le marché, il est tout aussi crucial de comprendre ce qui se passe à l'intérieur de l'entreprise. C'est là qu'interviennent l'analyse interne et le diagnostic stratégique qui reposent sur des outils comme la matrice SWOT et la matrice BCG. Ces modèles permettent de faire un point sur nos forces et nos faiblesses, mais aussi de mieux piloter nos stratégies en fonction des produits ou services que nous proposons, que nous souhaitons proposer ou avec l'intention de les faire évoluer.

## LA MATRICE SWOT POUR S'AUTO-ÉVALUER

L'édition est un secteur qui bouge en permanence, parfois avec des tendances de fond, parfois avec des phénomènes de mode soudains. Acronyme de *strengths, weaknesses, opportunities, threats* (forces, faiblesses, opportunités, menaces), la matrice SWOT, est utile afin de prendre du recul régulièrement pour ajuster sa stratégie. Elle permet de garder une vision claire et réaliste de votre positionnement à l'instant T pour être proactif et mettre en place une stratégie en fonction.

En croisant deux axes principaux – interne (forces et faiblesses) et externe (opportunités et menaces) – elle aide à mieux comprendre les enjeux et à définir une stratégie adaptée.

- **Interne** : ce que l'entreprise maîtrise et ce qui coince (les forces ou les atouts qui nous différencient, les faiblesses ou les points à améliorer ou à corriger).
- **Externe** : ce qui bouge en notre faveur ou nous freine (les opportunités ou les tendances ou évolutions du marché à exploiter, les menaces ou les risques ou obstacles à anticiper).

L'objectif de la matrice SWOT est de poser un diagnostic clair, d'identifier les pistes d'amélioration et de développer un plan stratégique efficace pour faire face à la concurrence. Simple mais puissant, cet outil permet :

- d'identifier les leviers de croissance ;
- d'anticiper les risques externes ;
- d'ajuster ses priorités en fonction de la réalité du marché.

C'est un modèle pratique pour analyser une maison d'édition, une collection, un ouvrage précis ou encore un projet de lancement, et ainsi renforcer sa position face à la concurrence.

***Tableau 8.1** – Exemple de matrice SWOT pour une maison d'édition*

| FORCES (INTERNE +) = CE QUI NOUS DISTINGUE, NOS POINTS FORTS | FAIBLESSES (INTERNE –) = CE QUE NOUS POURRIONS AMÉLIORER |
|---|---|
| Qualité éditoriale reconnue. Branding fort : identité visuelle innovante Expertise historique et solide dans un créneau particulier. | Visibilité limitée en points de vente. Manque de budget pour des campagnes marketing ambitieuses. Lectorat vieillissant ou difficulté à attirer de jeunes lecteurs. |
| **OPPORTUNITÉS (EXTERNE +) = CE QUI POURRAIT BOOSTER NOTRE PROJET** | **MENACES (EXTERNE –) = LES FREINS EXTERNES OU LES BLOQUANTS** |
| Émergence de BookTok comme levier marketing pour relancer des titres. Essor des formats audio : podcasts et audiobooks. Demande croissante pour certains genres littéraires : romantasy, thriller. | Concurrence accrue d'acteurs émergents (autoédition, numériques). Hausse des coûts de production Changements législatifs : loi sur les frais de port, régulation stricte. |

Les deux premières forces sont internes et les deux secondes externes et à chaque fois chaque axe est vu d'un point de vue positif puis négatif (ou pistes d'amélioration éventuelles).

**CAS PRATIQUE**

### Matrice SWOT pour les Éditions Plumes du Web

Les éditions Plume du Web, fondées en 2016, ont su se démarquer dans l'édition francophone en se spécialisant dans la publication d'auteurs émergents découverts sur le net. En créant un pont entre autoédition et édition traditionnelle, la maison offre une plateforme à des talents souvent ignorés par les grandes maisons d'édition. À travers cet exemple, analysons leurs forces, faiblesses, opportunités et menaces avec une matrice SWOT[1].

1. Site web officiel et Instagram @plumesduweb ; site www.outrelivres.fr.

*FORCES (interne +)*

- Publication sur les auteurs du web avec un positionnement clair sur les voix émergentes en ligne.
- Multiplicité des formats pour répondre à toutes les attentes.
- Communauté solide avec un vrai lien de proximité.
- Notoriété importante dans le cercle d'auteurs autoédités et de lecteurs.
- Site transactionnel performant avec un site internet efficace qui permet des commandes simples, y compris à l'international.
- Réactivité aux tendances web en amont de l'édition dite traditionnelle.

*FAIBLESSES (interne –)*

- Présence en librairie encore faible avec une diffusion limitée des œuvres.
- Reconnaissance en développement face aux grandes maisons bien implantées.
- Ressources limitées avec une petite équipe, des budgets serrés, etc.
- Marketing hors digital et réseaux sociaux plus limités.

*OPPORTUNITES (externe +)*

- Explosion de l'autoédition, Wattpad et des fanfictions qui offre un vivier d'auteurs à capter.
- Fort potentiel de collaborations pour élargir la visibilité.
- Développer la proximité avec les lecteurs par des initiatives numériques.

*MENACES (externe + –)*

- Concurrence intense avec un marché qui est saturé avec de nombreuses maisons d'édition ciblant les mêmes segments (et de plus en plus des grosses maisons d'édition à renommée internationale).
- Mutation rapide du marché (formats attendus, habitudes de lecture, etc.) qui demande réactivité constante.
- Dépendance aux plateformes numériques en ligne.

En bref, Plumes du Web capitalise sur son authenticité et son lien fort avec sa communauté. Leur positionnement est particulièrement intéressant et s'inscrit dans une vraie demande des auteurs du web d'être plus reconnus et possiblement édités traditionnellement. Cette approche, bien que prometteuse, s'inscrit dans un marché où la concurrence est rude et où la capacité à se renouveler sera essentielle pour continuer à se démarquer…

# LA MATRICE BCG POUR PRIORISER ET PILOTER SON CATALOGUE ÉDITORIAL ET SES PRODUITS

En édition, les bestsellers, appelés locomotives, financent souvent les publications moins rentables ou en phase de lancement. Toutefois, des choix difficiles sont parfois nécessaires, notamment pour des titres ou séries coûteux avec des retours limités. Certains projets, comme les séries longues, sont maintenus non pour leur rentabilité immédiate mais pour préserver l'image de l'éditeur et satisfaire le lectorat. La matrice BCG (celle du Boston Consulting Group) est dès lors un outil clé pour évaluer son portefeuille de produits ou de collections et ainsi définir ses priorités stratégiques. Là où le SWOT nous aide à poser un diagnostic global, la BCG permet de faire des choix concrets sur la gestion de nos titres et de nos gammes afin de prioriser et piloter son catalogue éditorial et ses produits.

Ses objectifs clés sont :

- identifier les locomotives génératrices de bénéfices ;
- maximiser la rentabilité des valeurs sûres ;
- miser sur des titres prometteurs en mesurant les risques ;
- abandonner les projets non viables.

En résumé, la matrice BCG offre une vision stratégique et pragmatique, en dépassant l'attachement émotionnel pour optimiser la rentabilité et la cohérence des choix éditoriaux.

Il est important de noter que les diffuseurs, distributeurs et libraires font eux aussi face à des décisions difficiles. Si les titres d'un éditeur deviennent peu rentables, les diffuseurs et distributeurs peuvent mettre un terme au contrat de diffusion pour raisons financières puisque cela peut également leur coûter de l'argent. Si les ventes ne sont pas aux rendez-vous, les taux de retours sont trop hauts, etc.

Les libraires, à leur niveau, doivent également sélectionner avec soin les ouvrages qu'ils mettent en avant, en fonction du potentiel commercial des titres, des auteurs ou des maisons d'édition. Les rayons ne sont pas extensibles et chaque mètre carré de linéaire doit être optimisé pour maximiser les ventes et répondre aux attentes des lecteurs qui viennent dans les librairies.

Les mécanismes de la matrice BCG s'appliquent donc à tous les niveaux de la chaîne du livre, de l'éditeur jusqu'au point de vente.

## Les axes d'analyse de la matrice BCG

Le modèle BCG repose sur deux axes d'analyse qui, croisés, permettent de classer chaque produit à savoir :

- **La part de marché relative.** Le segment en question est-il porteur et y sommes-nous bien installés ou peinons-nous à faire une place face aux concurrents ?
- **Le taux de croissance du marché.** Le marché sur lequel évolue ce produit est-il en pleine croissance, stable ou en train de s'effondrer ? Certains créneaux explosent alors que d'autres stagnent voire s'effondrent et tout cela évolue toujours au fil du temps et de la demande du lectorat.

L'analyse BCG va donc nous permettre de catégoriser nos produits et ainsi avoir une vision d'ensemble sur le positionnement et l'importance de ces derniers (au titre ou par collections et labels) dans notre portefeuille et notre activité. Il existe quatre catégories qui guident les décisions stratégiques en nous aidant à prendre des décisions stratégiques.

### Les produits stars ou les locomotives qui tirent l'entreprise

Les stars sont les produits ou collections qui se vendent comme des petits pains sur un marché en pleine expansion. Ils allient une forte croissance et une forte part de marché. Ces derniers demandent souvent beaucoup d'investissements (en communication et en marketing notamment) mais rapportent gros. L'objectif est donc de maintenir leur croissance et leur visibilité pour en faire des vaches à lait demain à savoir des produits rentables à investissements plus faibles pour demain.

### Les vaches à lait ou les incontournables historiques qui financent toutes les activités de l'entreprise

Les vaches à lait sont les bestsellers bien installés qui allient faible croissance du marché et forte part de marché (un éditeur par exemple leader sur un type d'ouvrage en particulier). Le marché ne croît plus vraiment, mais ces produits dominent leur segment. Ils génèrent des marges élevées et demandent peu d'investissements. Ce sont eux qui permettent de financer de nouvelles collections ou d'investir dans des projets plus risqués.

### Les dilemmes ou les ouvrages à potentiel/échec en attente

Les dilemmes sont les titres ou collections qui évoluent sur un marché porteur, mais où l'entreprise peine à prendre des parts de marché significatives. Le marché est en forte croissance mais la part de marché du produit est faible. Les dilemmes sont les ouvrages les plus compliqués sur lesquels se décider et mettre en place une stratégie pour cause d'inconnu :

- Faut-il investir pour les transformer potentiellement en stars (mais prendre le risque d'être à perte si cela ne fonctionne pas comme prévu) ?
- Faut-il les laisser tomber et en arrêter la commercialisation (mais passer à côté potentiellement d'un gros succès) ?

La prise de décision dépendra alors souvent des ressources disponibles et de l'analyse concurrentielle pour estimation du potentiel dans l'avenir.

### Les poids morts ou les produits qu'il nous faut stopper

Les poids morts sont les titres qui n'ont plus de potentiel ni d'avenir. Le marché est en faible ou n'a plus de croissance du tout, et les parts de marché de l'entreprise sur ces produits sont faibles. Ces derniers prennent donc de la place dans le catalogue sans générer suffisamment de revenus, voire en coûtant carrément de l'argent. L'arrêt de commercialisation se fera donc brutalement ou bien les titres pourront être retirés du marché progressivement pour les laisser mourir.

## La matrice BCG et le cycle de vie des produits

La matrice BCG applique le concept de cycle de vie aux produits éditoriaux : naissance, croissance, maturité, déclin. Comprendre ces phases aide à gérer efficacement les projets éditoriaux et à prioriser les ressources.

### Phase de lancement (ou dilemme BCG)

Le produit est lancé avec des incertitudes : trouvera-t-il son public ? C'est une période de test et d'ajustements. Ex. : un premier tome de saga, même prometteur, peut peiner sur un marché saturé.

### Phase de croissance (ou star BCG)

Le produit rencontre son public, les ventes s'accélèrent, C'est la phase où il faut investir massivement pour accompagner cette croissance. Ex. : une série devient virale grâce à TikTok, poussant l'éditeur à multiplier les impressions et organiser des événements.

### Phase de maturité (ou vache à lait BCG)

Phase de confort où le produit génère des revenus stables avec des efforts modérés. Les bestsellers et auteurs à succès se trouvent souvent à ce stade. Ex. : Marc Levy ou Stephen King publient régulièrement, avec des ventes assurées chaque année.

### Phase de déclin (ou poids mort BCG)

Les ventes ralentissent, et maintenir le produit devient coûteux. L'éditeur peut envisager des rééditions (poche, collector) ou décider de l'arrêter. Ex. : une série passée au format poche pour relancer les ventes ou ressortie en édition *tie-in* après une adaptation audiovisuelle.

In fine, il s'agit d'une boucle vertueuse :

- les stars financent les jeunes auteurs ;
- les vaches à lait assurent la stabilité financière ;
- les dilemmes nécessitent des choix rapides pour limiter les pertes :
- les poids morts doivent être abandonnés pour concentrer les efforts sur des projets à fort potentiel.

Savoir arrêter un produit est parfois aussi stratégique que de miser sur un nouveau. L'édition est un savant mélange de passion et de stratégie. On ne publie pas uniquement parce qu'un texte nous touche ; encore faut-il qu'il trouve son public, qu'il s'inscrive dans une dynamique de marché et qu'il ait sa place dans notre portefeuille de produits. Il faut savoir faire les bons choix pour piloter son catalogue et son entreprise plus généralement. Les matrices BCG et SWOT ne sont pas que des exercices théoriques ce sont de véritables outils stratégiques qui permettent à faire un point sur ses activités, produits et collections.

Dans les chapitres suivants, nous irons encore plus loin dans cette démarche en nous attaquant au marketing mix, une boîte à outils essentielle pour positionner, façonner les produits en édition et leur offrir la meilleure chance de succès en fonction du lectorat visé et des différents objectifs de rentabilité et visibilité.

# PARTIE 2

# LE MARKETING DU LIVRE

Le marketing est un processus global qui donne vie à une œuvre en la rendant visible, désirable et adaptée à son public au-delà de la commercialisation. Le marketing du livre ne consiste donc pas seulement à vendre, mais à révéler tout le potentiel d'une création, à travailler sur sa forme, son positionnement et son attractivité pour maximiser son impact auprès du bon lectorat. C'est un travail stratégique qui accompagne le livre tout au long de son parcours, depuis l'idée initiale jusqu'à sa mise en marché, transformant ainsi une œuvre en un produit culturel conçu pour séduire et vendre.

Dans cette partie, nous explorerons les principales stratégies qui rendent cette transformation possible. Je m'appuierai notamment sur ma méthode des 5P, spécifiquement pensée pour répondre aux particularités de ce produit unique qu'est le livre, en partageant des exemples concrets et des outils pratiques pour amplifier son succès.

# CHAPITRE 9

# La cible : comprendre et toucher le bon lectorat

## Points clés

- **Comprendre sa cible (son lectorat) est le point de départ incontournable de toute stratégie marketing dans le domaine du livre**, l'objectif étant de mener des actions cohérentes et efficaces pour mettre le bon livre entre les mains du bon lecteur.
- **Une cible est un groupe de personnes présentant des caractéristiques communes.** Identifier sa cible permet de recruter de nouveaux lecteurs, fidéliser ceux existants et adapter le produit à leurs besoins.
- **La cible peut être de deux sortes en fonction des objectifs, à savoir vendre et/ou promouvoir.** Parfois, elle peut être la même et parfois différente, c'est pourquoi on dissocie la cible dite marketing (commerciale) et celle en communication (promotion).
- **Il est crucial de segmenter les cibles visées et/ou étudiées.** Ainsi diviser un public global d'un grand nombre de lecteurs par exemple en sous-groupes homogènes (primaire, secondaire, tertiaire) permet d'adresser des messages et actions spécifiques à chaque segment pour les toucher le plus efficacement possible.
- **Pour toucher sa cible il faut bien apprendre à la connaître.** Il existe différents outils pour se faire comme les différents types d'études marketing que sont celles quantitatives et qualitatives, analyser des données, créer des outils comme le persona et le parcours client...

Dans le marketing du livre, tout commence et finit avec la cible. Si un produit se vend, ce n'est pas simplement parce qu'il trouve sa place sur un marché, mais parce qu'il répond aux attentes précises d'un groupe de lecteurs. On a parfois tendance à se concentrer sur le marché en oubliant que celui-ci n'est qu'une conséquence : connaître sa cible et y revenir constamment est la clé pour bâtir des stratégies pertinentes et durables.

# LA DÉFINITION ET COMPRÉHENSION DE SA CIBLE

En marketing, la cible est un groupe spécifique de personnes identifié selon des critères variés (démographiques, psychographiques, comportementaux ou liés à leurs habitudes de consommation). Pour un éditeur ou encore un auteur, il s'agit du public le plus susceptible d'être intéressé par un livre donné, que ce soit pour le lire ou l'acheter.

Comme le soulignent Philip Kotler et Gary Armstrong dans leur ouvrage *Principes de marketing*[1], définir une cible claire est l'étape clé de toute stratégie marketing. Car sans une compréhension claire de son public, il devient difficile de structurer les actions, de concevoir des produits pertinents et de garantir leur succès.

## Attirer, convertir et fidéliser : les piliers du marketing du livre

Recruter de nouveaux lecteurs et convertir des prospects en acheteurs – en captant l'attention et en suscitant l'envie – sont des étapes essentielles en marketing du livre pour garantir la croissance des ventes et l'émergence de nouveaux auteurs sur le marché. Certaines stratégies sont spécifiques au recrutement, par exemple des opérations à des prix « découvertes » ou encore des « satisfait ou remboursé ».

Vient ensuite la fidélisation, qui vise à maintenir l'engagement des lecteurs déjà existants, en les incitant à continuer à acheter les œuvres d'un auteur ou d'une

1. Kotler P. et Armstrong G., *Principes de marketing*, 15e édition, Pearson, 2023.

collection. Ces lecteurs fidèles deviennent souvent des ambassadeurs influents, recommandant activement les livres et attirant de nouveaux lecteurs. Trop souvent négligée au profit de l'acquisition de nouveaux lecteurs et acheteurs, la fidélisation de sa cible est pourtant essentielle, notamment dans un contexte où les réseaux sociaux renforcent les liens entre auteurs et communautés de lecteurs. Cette stratégie est particulièrement efficace pour les auteurs réguliers ou ceux bâtissant leur notoriété en amont via des plateformes numériques.

### *Les programmes de fidélité*

Comment renforcer le lien avec ses lecteurs ? Certaines maisons d'édition proposent des initiatives innovantes comme des programmes de fidélité, à l'instar de Penguin Random House avec son initiative « Reader Rewards[1] ». Grâce à ce programme les lecteurs cumulent des points à chaque livre acheté, ce qui leur donnent droit par la suite à des livres gratuits ou d'autres avantages spécifiques. Avec cette *incentive* (incitation ou mécanisme d'encouragement) basée sur les programmes de fidélité d'autres industries, Penguin incite les consommateurs à choisir leurs livres plutôt que ceux d'éditeurs concurrents afin de fidéliser durablement leur lectorat.

C'est ce qu'explique Sanyu Dillon, directrice de la stratégie marketing du groupe : « Les consommateurs d'aujourd'hui s'attendent à être récompensés par les marques qu'ils achètent fréquemment. Ce programme constitue une première étape vers l'établissement de relations plus profondes et plus significatives avec nos lecteurs. »

## Cible marketing et cible de communication : une distinction essentielle

Distinguer ses cibles en fonction des objectifs est essentiel pour élaborer une stratégie efficace. Cherche-t-on à vendre des livres en ciblant les acheteurs, ou à promouvoir une œuvre, un auteur ou une maison d'édition pour séduire des

1. Cado C., « Faire lire (et vendre) plus : un éditeur parie sur la fidélisation des lecteurs », *ActuaLitté*, 23 avril 2019.

lecteurs potentiels ? Ces deux approches, bien que souvent liées, répondent à des besoins distincts. Les différencier permet d'adapter les actions et d'optimiser à la fois le marketing et la commercialisation[1].

## La cible marketing : celle à qui on vend

La cible marketing désigne en fait les acheteurs potentiels. L'objectif principal est donc de convertir ces prospects en clients effectifs. Cependant, selon le type de client, on distingue deux approches majeures.

1. **L'approche BtoB (*business to business*) pour vendre à des professionnels.** Les collectivités telles que les bibliothèques ou les écoles ainsi que les librairies sont des exemples de cibles marketing dans une stratégie BtoB pour un éditeur. Le discours de vente est dès lors adapté à des professionnels du livre. Les arguments ou les outils employés vont être spécifiques et différents de ceux utilisés pour le grand public (comme des catalogues, des épreuves non corrigées, etc.)
2. **L'approche BtoC (*business to consumer*) pour vendre directement aux consommateurs.** Dans une approche BtoC, l'objectif est de séduire le grand public, donc des particuliers, le discours est donc commercialement indirect, tout comme les arguments qui vont être davantage centrés sur les émotions ou encore l'expérience de lecture, etc.

> ***Exemples :*** *Le livre jeunesse et la différence de discours BtoB et BtoC*
>
> Une collectivité ou une bibliothèque (*approche BtoB*) sera sensible à un discours commercial qui met en avant certaines valeurs éducatives ainsi que le potentiel d'usage collectif du titre en question. Elle fera également un choix en fonction de son budget et des titres déjà présents dans ses rayons.
> En revanche, un parent (*approche BtoC*) parent sera sensible à l'intérêt de l'histoire, ou encore aux illustrations pour son enfant spécifiquement (en fonction du parent en particulier, de ses intérêts et de sa sensibilité ainsi que la personnalité et l'intérêt de son enfant), tout comme aux valeurs éducatives et aux sujets qui font sens pour lui/elle.

## La cible de communication : celle à qui on parle

La cible de communication désigne le public visé par les actions promotionnelles, principalement les lecteurs potentiels qui ne sont pas forcément les

1. Darpy D., *Le Marketing*, « Les topos », Dunod, 2e édition, 2015.

acheteurs directs du livre. Ces personnes ont un pouvoir de prescription ou d'influence sur les acheteurs. L'objectif ici n'est pas de vendre directement, mais de susciter l'intérêt, de faire découvrir l'œuvre et d'établir un lien émotionnel avec cette audience.

> ***Exemple :*** *Le livre jeunesse et les enfants comme cible de communication*
>
> Les enfants, bien qu'ils ne soient pas les acheteurs directs, peuvent être la cible de communication pour un livre jeunesse. La stratégie marketing va donc en partie s'adresser à eux avec des éléments adaptés à leurs sensibilités, comme le packaging, les illustrations ou le contenu. Il est important de noter que les lois sur la publicité diffèrent selon les pays : au Québec, elle est strictement interdite pour les enfants, tandis qu'en France, elle est encadrée selon les supports et les âges, influençant ainsi les approches des éditeurs dans leurs stratégies et actions mises en place.

Différencier la cible marketing de la cible de communication, tout comme comprendre l'approche BtoB et BtoC, est donc essentiel pour adapter son discours et ses canaux. Une stratégie BtoB nécessitera une communication plus technique et pragmatique, tandis qu'une approche BtoC pourra se permettre d'être plus émotionnelle ou même créative/artistique.

## LA SEGMENTATION DES CIBLES : PRIMAIRE, SECONDAIRE ET TERTIAIRE

La segmentation est une étape clé dans la construction d'une stratégie marketing efficace. Segmenter consiste à diviser une cible globale en sous-groupes homogènes, partageant des caractéristiques communes comme des besoins, des comportements ou des motivations spécifiques. Une segmentation fine permet de passer d'une approche générique à une stratégie ciblée, en phase avec les attentes de chaque groupe[1]. Une segmentation structurée des cibles permet des actions ciblées finement et des actions précises. On structure ainsi

1. Kotler P. et Armstrong G., *op. cit.*

la segmentation en plusieurs niveaux, chacun jouant un rôle spécifique dans le processus d'achat.

- **Cible primaire : le cœur de cible**

Ce groupe regroupe les décideurs principaux, ceux qui ont le pouvoir d'achat. Pour un livre jeunesse, ce sont les parents, les enseignants ou encore les bibliothécaires. On les cible car ils sont au centre des décisions d'achat. Leur choix est influencé par des critères tels que la valeur éducative, la qualité du contenu et son alignement avec leurs attentes (éducatives, culturelles ou pédagogiques) et la personnalité de leur enfant quand il s'agit des parents ou de proches.

- **Cible secondaire : les utilisateurs finaux**

Les utilisateurs finaux sont les personnes qui bénéficient directement du produit sans participer nécessairement à la décision d'achat, c'est-à-dire, in fine, les lecteurs.

Par exemple, les enfants sont les lecteurs finaux des albums jeunesse. Leur enthousiasme et le rapport qu'ils vont avoir à l'objet (quand il s'agit des enfants) jouent un rôle déterminant. Une couverture attrayante, un personnage captivant ou des thématiques qui résonnent avec leurs intérêts augmentent donc l'attractivité du produit et influencent les décideurs à passer à l'achat effectif du produit.

- **Cible tertiaire : les relais d'opinion**

Les relais d'opinion sont des acteurs externes qui influencent indirectement les décisions d'achat comme les libraires, les influenceurs, les journalistes ou encore les critiques littéraires. Leur rôle est essentiel pour amplifier la visibilité d'un produit. Leur recommandation peut ainsi convaincre des acheteurs hésitants et peut même créer un effet d'entraînement et la naissance de réels bestsellers.

## CAS PRATIQUE

### Exercice sur la segmentation appliquée à un album jeunesse : *C'est mon corps !* d'Élise Gravel

Pour illustrer l'importance de la segmentation de la cible, prenons l'exemple de l'album jeunesse *C'est mon corps !* d'Élise Gravel, publié par les éditions Scholastic en 2022. Il aborde des thèmes essentiels comme l'autonomie corporelle et le consentement, et s'adresse à plusieurs segments de publics :

- **Cible primaire : parents et enseignants.** Cette cible recherche un outil éducatif fiable pour aborder ces sujets sensibles. La notoriété d'Élise Gravel la rassure.
- **Cible secondaire : les enfants.** Sensibles aux illustrations ludiques, le style familier et le ton léger du livre sont adaptés à leur univers.
- **Cible tertiaire : collectivités, libraires et influenceurs.** Cette cible valorise la qualité graphique et éducative du livre, ainsi que la réputation de l'autrice. Le matériel promotionnel proposé amplifie la visibilité.

Pourquoi segmenter ? Chaque lecteur a ses attentes spécifiques et est sensible à des arguments différents. En adaptant le message et les actions à chaque segment, cela augmente l'impact que ce soit via sa dimension pédagogique pour la cible principale, l'identification des enfants et enfin les prescripteurs amplifient sa notoriété et sa visibilité.

Segmenter une cible, c'est se donner les moyens de répondre aux besoins spécifiques de chaque groupe. Chaque segment exige une approche distincte, tant dans le ton du message que dans le choix des canaux utilisés. Pour identifier, scinder, analyser les besoins et mettre en place les bonnes actions en fonction de votre cible, je préconise d'utiliser le tableau ci-après.

***Tableau 9.1*** – *Outils d'aide à la segmentation et à la définition des différentes cibles*

| SEGMENTS | TYPE D'AUDIENCE | MOTIVATIONS PRINCIPALES | PAR QUOI SONT-ILS SÉDUITS ? | ACTIONS MARKETING |
|---|---|---|---|---|
| *Cible primaire* | | | | |
| *Cible secondaire* | | | | |
| *Tertiaire* | | | | |

# COMPRENDRE SES CIBLES : LES OUTILS INDISPENSABLES

Au-delà de la segmentation des cibles, il est essentiel d'utiliser des outils complémentaires pour affiner leur identification et compréhension, et adapter les stratégies marketing avec encore plus de précision. Ils permettront mieux cerner les motivations, comportements et attentes des lecteurs, mais aussi d'optimiser le parcours qui les amène à découvrir, acheter et recommander un livre.

## Les personas : des profils types pour cibler avec précision

Les personas sont des représentations fictives mais réalistes des différents segments de votre public cible. Ils regroupent des caractéristiques sociales, psychologiques et comportementales propres à un groupe de lecteurs ou d'acheteurs. Ces profils permettent de mettre un visage sur une cible souvent abstraite et de rendre les stratégies plus humaines et concrètes.

Personnifier sa cible, en lui donnant par exemple un nom, aide à l'efficacité du marketing. En visualisant clairement à qui vous vous adressez, il devient plus facile de répondre à leurs attentes ; qui plus est quand il s'agit de niches avec des habitudes de consommation et des goûts littéraires très spécifiques.

À titre d'exemple, pour un album jeunesse comme *C'est mon corps*[1], un persona pourrait être une mère de famille engagée, sensible à l'éducation bienveillante et recherchant des outils pour aborder des sujets complexes avec ses enfants.

L'idée est vraiment de créer une fiche à l'instar d'une fiche personnage pour certains auteurs quand ils écrivent un roman.

**CAS PRATIQUE**

### Créer votre propre fiche persona

Quelles sont vos habitudes de consommation, vos goûts littéraires, vos freins ?

Le persona regroupe en général les informations suivantes :

- données démographiques (nom, prénom, etc.) ;
- habitudes de consommation ;
- centres d'intérêt (en général) ;
- préférences littéraires et découverte des différentes lectures ;
- motivations d'achat et de lecture ;
- freins d'achat et de lecture.

# Les études marketing pour comprendre sa cible et orienter ses décisions

Pour affiner la compréhension de sa cible, les études marketing jouent un rôle fondamental. Elles permettent de réduire les incertitudes liées à la prise de décision et d'orienter les actions marketing de manière plus précise.

Comme l'écrivent Suna Desaive et Noëlle Poggioli[2] : « Les études marketing donnent lieu à de nombreuses définitions dont on peut résumer ainsi les principales dimensions : A) Les études répondent aux besoins d'informations qui surgissent dès lors qu'une décision s'avère incertaine ou risquée. [...] B) Elles consistent en un ensemble de méthodes de recueil, de traitement et d'analyse de l'information

1. Gravel É., *C'est mon corps*, Scholastic, 2022.

2. Desaive S. et Poggioli N., *op. cit.*

qui permettent de faciliter la prise de décision. [...] C) Elles permettent de réduire mais non de supprimer les risques ou les incertitudes de départ. »

Pour cerner les attentes et comportements des cibles, deux grandes méthodes d'études sont utilisées : les études quantitatives et qualitatives. Ces deux approches répondent à des besoins complémentaires, bien qu'elles soient opposées dans la méthode (échantillons, nombre de répondants) et apportent des éclairages différents.

Pour simplifier, une étude est dite quantitative quand :

- il s'agit de questions fermées à base de oui/non ;
- l'objectif est de niveler l'intérêt/la satisfaction des répondants en fonction d'une échelle chiffrée (par exemple de 1 à 10) ;
- ce qui compte est le résultat final observable en quantité.

Suna Desaive et Noëlle Poggioli expliquent : « Elles ont pour objet des faits, des opinions et des comportements. Elles permettent de mesurer des réactions, de recueillir des informations chiffrées, extrapolables à l'ensemble de la population étudiée. » Par exemple : x % des personnes concernées ont telle ou telle appréciation sur un fait ou une observation précise objectivement observable en fonction des résultats.

À l'inverse, une étude est dite qualitative quand :

- il s'agit de questions ouvertes basées sur des « pourquoi ? » ;
- l'objectif est d'identifier les raisons derrière un comportement, une action ou une décision, de comprendre la psychologie des personnes interrogées ;
- l'essentiel est d'analyser les aspects non observables, comme les motivations, les freins ou les mécanismes psychologiques.

Toujours selon Suna Desaive et Noëlle Poggioli, « leur présupposé réside dans le fait que l'inconscient existe et qu'il influence nos perceptions et nos comportements. Elles permettent de mettre à jour et d'expliquer les attitudes, les motivations, les mécanismes de fonctionnement rationnels et irrationnels ». Par exemple : Qu'est-ce que vous aimez dans cette couverture ?

Les études quantitatives et qualitatives sont donc complémentaires puisque le qualitatif explore le « pourquoi » d'un comportement ou d'une prise de décision, tandis que le quantitatif mesure le « combien ». Ces deux approches, lorsqu'elles sont combinées, permettent une analyse beaucoup plus riche et complète des différentes cibles et peuvent aider à identifier et segmenter chacune d'entre elles au besoin.

> ### *Quand le digital révolutionne les études marketing*
>
> Pendant longtemps, réaliser des études marketing était complexe et coûteux, nécessitant des ressources spécialisées et un accès limité à des répondants qualifiés. Aujourd'hui, grâce aux outils numériques, cette tâche est bien plus accessible. Ils permettent aux éditeurs et auteurs de mieux comprendre leur lectorat, d'ajuster leurs produits et campagnes, tout en renforçant la proximité avec leur audience. Il ne faut pas hésiter à s'en servir.

## Le parcours client : la cartographie de l'expérience d'achat

Le parcours client est une représentation des étapes que traverse un lecteur ou un acheteur, depuis la découverte d'un livre jusqu'à son achat et, au-delà, vers sa fidélisation. Comprendre le parcours client aide à identifier les points de contact stratégiques où il est possible d'intervenir avec des messages personnalisés ou des actions spécifiques. Chaque étape offre des opportunités pour renforcer l'engagement.

Le parcours client peut être cartographié à partir d'une expérience réelle ou imaginé à travers un profil persona, en anticipant son cheminement. Il peut aussi s'agir d'un client dont les habitudes sont basées par exemple sur des sondages et études.

Le parcours est simplifié en plusieurs étapes essentielles menant à la consommation du produit. L'objectif est d'identifier les points de contact stratégiques et de les optimiser, tout en enrichissant l'expérience client au-delà de sa simple observation.

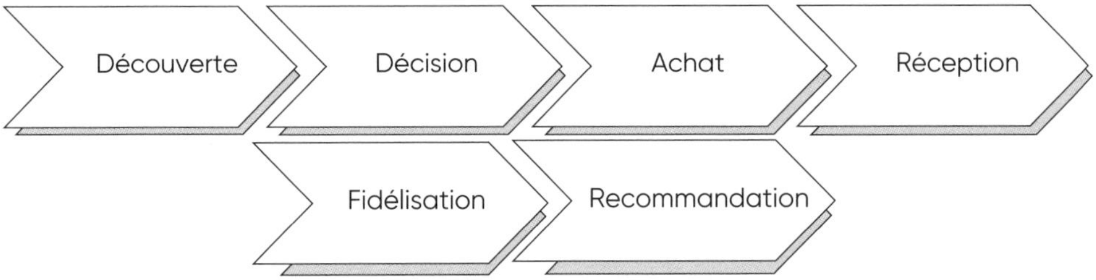


**Figure 9.1** – *Les principales étapes du parcours client*

1. **L'étape de découverte.** Le parcours commence lorsque le lecteur entend parler du livre pour la première fois. Cela peut se faire par exemple via une publicité, une recommandation d'un proche, une chronique dans un magazine, un top des ventes qui attire l'attention, ou encore une publication sur les réseaux sociaux comme une vidéo BookTok.

2. **L'étape d'évaluation et de décision.** À ce stade, le lecteur potentiel évalue le livre pour décider s'il veut ou non l'acheter. Cela peut se faire via les avis Babelio, Goodreads ou encore Amazon, une recommandation libraire ou un coup de cœur libraire spécifié sur la couverture, des critiques ou des commentaires d'un proche ou d'un prescripteur type chroniqueur littéraire, des recherches sur le site internet de l'éditeur ou de l'auteur, etc. Si l'achat ne se fait pas, il sera primordial d'analyser pourquoi et d'en tirer des conclusions pour orienter la stratégie choisie.

3. **L'étape d'achat.** Une fois convaincu, l'acheteur passe à l'action. L'achat de cet ouvrage inclut le processus d'achat (achat en ligne ou en magasin et dans quel réseau de vente), le choix du format (Isabelle lit-elle en papier ou numérique et pourquoi ?), le paiement et la livraison éventuelle.

4. **L'étape de réception**. C'est le moment où le lecteur entre en possession du livre. Elle peut se faire en même temps que l'étape d'achat, ou bien en être dissociée si des détails spécifiques à la livraison et à la prise en main sont particuliers (type une dédicace de l'auteur, des marque-pages ou des goodies inclus, un petit mot de son libraire, etc.). Cette étape est une opportunité de renforcer l'expérience d'achat avec des détails attentionnés comme des cadeaux, des goodies ou toutes autres attentions. C'est aussi le moment de lecture de l'œuvre et d'appréciation par le lecteur (ou pas s'il s'agit d'un collector, d'un cadeau, etc.)

5. **L'étape de fidélisation.** Une fois le livre lu, et si l'expérience de lecture est positive, alors il est question de fidélisation du client voire de la possibilité d'en faire éventuellement un ambassadeur et prescripteur s'il recommande le livre autour de lui.

6. **L'étape de recommandation.** Enfin, un lecteur fidélisé devient un ambassadeur du livre. Il partage son expérience avec ses proches ou sur les réseaux sociaux pouvant générer un phénomène viral.

# LE CONSOMMATEUR, CIBLE ET ACTEUR CLÉ

Les consommateurs sont au cœur des stratégies de commercialisation et de marketing. Qu'ils soient acheteurs ou lecteurs, les identifier permet de définir des cibles précises et de structurer des actions adaptées.

## Lecteur et acheteur : une distinction essentielle

En édition particulièrement, la distinction entre le consommateur (celui qui achète) et le lecteur (celui qui consomme, donc celui qui lit réellement l'œuvre) est cruciale, car elle guide les choix stratégiques des éditeurs en matière de marketing et de communication. En effet, un grand nombre de livres sont achetés par des personnes qui ne les liront pas. Cela peut sembler contre-intuitif, mais il existe plusieurs situations où l'acheteur n'est pas le consommateur final.

D'après une étude récente du SNE, environ 30 % des ventes de livres en France proviendraient d'acheteurs qui ne sont pas les lecteurs finaux[1].

## Les différents types d'achat

- L'**achat de livres pour la jeunesse** repose souvent sur des prescripteurs adultes tels que les parents et grands-parents, car les jeunes lecteurs ne sont pas les acheteurs.
- Les **achats cadeaux**, particulièrement pendant les fêtes, constituent un segment stratégique pour l'édition, avec une offre adaptée comme des coffrets thématiques, des éditions limitées ou des beaux livres. En France, le livre figure d'ailleurs systématiquement parmi les trois cadeaux les plus offerts pour Noël, juste après les jouets[2]. Ces produits, souvent conçus pour séduire une clientèle non-lectrice à la recherche de cadeaux attractifs et faciles à

1. « Étude sur le comportement des acheteurs de livres en France », SNE, 2023.

2. Baromètre de Noël, ISOP, 2021.

offrir, permettent de capitaliser sur des concepts originaux ou des objets hybrides associés à un livret comme les fameux coffrets.

- Les **prescripteurs scolaires, comme les enseignants et bibliothécaires**, ont un impact majeur sur l'industrie du livre en influençant directement les choix de lecture. Les lectures obligatoires, souvent dictées par les programmes officiels, génèrent des ventes significatives pour les éditeurs grâce à des ouvrages adaptés spécifiquement pour ce marché. En parallèle, les institutions éducatives et collectivités, telles que les écoles et les bibliothèques, investissent des budgets importants dans l'achat de livres, ce qui représente une part importante du chiffre d'affaires des éditeurs. Ces derniers ajustent leurs produits et stratégies, en proposant des contenus pédagogiques ou des animations BtoB, pour répondre aux besoins de ce segment clé.
- Les **ventes directes aux entreprises**, bien que méconnues, constituent un segment très lucratif pour les éditeurs. Certaines maisons – souvent dans les secteurs du pratique et de la non-fiction – disposent même d'équipes dédiées pour démarcher les entreprises (achats en gros pour des cadeaux d'entreprise ou d'événements corporatifs). Ces commandes massives, comme offrir un livre thématique à tous les employés, permettent de sécuriser des ventes importantes sans risque de retours, contrairement aux ventes en librairie.
- Les **fabrications spéciales**, moins connues, consistent à créer des livres sur-mesure pour des marques ou entreprises, souvent en adaptant des contenus existants du catalogue de l'éditeur. Par exemple, un livret de recettes inclus dans une boîte d'électroménager ou un guide pratique vendu par une marque d'huiles essentielles. Ces productions garantissent des ventes fermes en milliers d'exemplaires, sans risque de retours ni de surstock, tout en éliminant les marges des distributeurs ou libraires si les ouvrages ne passent pas par les circuits traditionnels. Ce modèle est rentable pour l'éditeur et avantageux pour les entreprises, qui délèguent la création à des spécialistes. Certains de ces livres peuvent également séduire le grand public et être commercialisés en librairie. Ces opérations nécessitent souvent une équipe spécialisée pour concevoir et vendre ces projets sur-mesure.

La cible est donc la clé de voûte des stratégies marketing du livre. La comprendre et la définir est la base de toute stratégie marketing efficace dans l'édition. Que ce soit en identifiant des acheteurs potentiels, en créant un lien avec les lecteurs ou en adaptant ses actions à différents segments, le succès repose sur la capacité à répondre aux attentes spécifiques de chacun.

Avec une cible bien définie, les bases sont posées pour construire concrètement des stratégies de ciblage efficaces et adaptées. Celles-ci permettent non seulement de toucher son public, mais aussi de le convertir, de le fidéliser, et d'en faire un levier puissant pour promouvoir les œuvres et les auteurs. C'est précisément ce que nous explorerons dans le chapitre suivant, dédié aux stratégies de ciblage et aux outils pour atteindre ses objectifs marketing.

# CHAPITRE 10

# Les stratégies de ciblage en édition

## Points clés

- **Il existe différentes stratégies de ciblage à mettre en place.** Elles conditionnent l'ensemble des actions marketing ainsi que l'adaptation de l'offre pour répondre à des segments précis tout en maximisant le potentiel de chaque œuvre.
- **On distingue quatre approches principales** : le marketing de masse, différencié, concentré ou individualisé.
- **Il existe différents critères pour choisir la stratégie qui doit être la plus adaptée** en fonction des objectifs des éditeurs, de l'analyse du potentiel de l'offre et de la cible, la rentabilité ou encore des critères externes comme l'opportunisme commercial et les tendances du marché.
- **Croiser la stratégie de ciblage** avec une analyse approfondie du marché et des outils macro pour aligner offre et demande est primordial, car une stratégie mise en place en vase clos seule ne peut exister et être efficace.

Après avoir défini son lectorat cible et choisi comment s'adresser à lui, il est temps de recourir à des stratégies spécifiques pour transformer cette identification en actions concrètes.

Cibler efficacement permet de passer d'une vision théorique du consommateur à une mise en œuvre marketing précise et adaptée. Comme le souligne Philip Kotler[1], « une stratégie de ciblage consiste à sélectionner un ou plusieurs segments de marché et à développer des produits et des programmes marketing spécifiquement adaptés à ces segments pour répondre à leurs besoins ».

La réussite d'une stratégie de ciblage repose sur un équilibre subtil, à savoir croiser la réalité du marché général et/ou de certains segments avec les objectifs de l'éditeur. Car dans l'édition, chaque décision – du choix du produit aux actions promotionnelles – doit être alignée sur les attentes précises du lectorat, tout en tenant compte des dynamiques concurrentielles et des opportunités qu'offre le marché. C'est ce passage de l'analyse à l'action que nous allons développer dans ce chapitre.

## LES QUATRE GRANDES STRATÉGIES DE CIBLAGE EN MARKETING

Chaque stratégie vise des objectifs spécifiques concernant le lectorat à atteindre et les offres proposées. Chaque approche permet de cibler un type et une taille de lecteurs potentiels, en adaptant l'offre pour répondre à leurs besoins, qu'ils soient larges ou personnalisés. Ces quatre stratégies aident les éditeurs à prendre des décisions en fonction du potentiel des ouvrages et des attentes du marché.

### Le marketing de masse : la stratégie des bestsellers

Le marketing de masse (ou indifférencié) est l'approche privilégiée pour les bestsellers et les ouvrages destinés au grand public. Cette stratégie repose sur une offre unifiée et un message unique, conçus pour séduire une audience large et variée. Tous les éléments du marketing mix – produit, prix, distribution et

1. Kotler P. et Armstrong G., *op. cit.*

promotion – sont orchestrés pour maximiser l'impact et la visibilité du titre et pour favoriser les achats impulsifs.

Les caractéristiques clés de cette stratégie sont les suivantes :

- une offre pensée pour plaire au plus grand nombre (prix attractif, format accessible et grande présence en points de vente) ;
- une communication puissante (campagnes massives, visuels marquants et messages universels) ;
- un positionnement universel (le livre devient incontournable, omniprésent et favorise les achats impulsifs).

L'objectif est d'inonder le marché et rendre le titre omniprésent, jusqu'à ce qu'il devienne un phénomène incontournable.

> ***Exemple :*** *Le lancement de* 50 Nuances de Grey
>
> Le lancement francophone de *50 Nuances de Grey* par les éditions JC Lattès incarne une stratégie de marketing de masse parfaitement orchestrée. L'éditeur a misé sur une campagne publicitaire audacieuse et omniprésente, avec des visuels érotiques et chics affichés dans le métro parisien et sur les abribus, en rupture avec les codes habituels. Le buzz international préalable et les débats médiatiques sur les thématiques sulfureuses du roman ont renforcé l'horizon d'attente. La planification minutieuse des sorties s'est accompagnée de produits dérivés variés, allant des sextoys aux vins ; les adaptations cinématographiques ont prolongé l'intérêt du public et la visibilité de la série. En 2013, la trilogie représentait 80 % des ventes de romans érotiques en France, confirmant l'efficacité d'une stratégie marketing immersive et globale[1].

***Tableau 10.1*** – *Avantages et inconvénients du marketing de masse*

| FORCES | LIMITES |
|---|---|
| Permet de toucher un large public | Investissements colossaux et risques financiers élevés |
| Augmente la visibilité et les ventes | Peut agacer ou décevoir le public ciblé |
| Message homogène simplifié : un message unique | Risque de rejet ou de critiques commerciales |

1. Bessard-Banquy O., Ducas S. *et al.*, *op. cit.*

Le marketing de masse, bien qu'efficace pour transformer un titre en bestseller, reste une stratégie ambitieuse et risquée, réservée aux éditeurs capables de mobiliser d'importants moyens financiers.

## Le marketing différencié : la stratégie des éditions multiples

Le marketing différencié (ou multisegment) consiste à adapter une même œuvre à différents publics en segmentant l'offre selon les attentes et besoins spécifiques de chaque groupe. Contrairement au marketing de masse, il mise sur la diversité pour maximiser le potentiel d'une œuvre à travers plusieurs éditions et positionnements.

Les caractéristiques clés de cette stratégie sont les suivantes :

- une œuvre pour plusieurs exploitations afin de séduire des segments variés de lecteurs grâce à des formats, des visuels et des positionnements adaptés et différents (comme certains ebooks qui ont des couvertures différentes des versions papier pour mieux cibler le lectorat numérique).
- adaptabilité à chaque réseau de vente avec, par exemple, des éditions exclusives pour des enseignes comme Fnac.

> ***Exemples :*** *Les collections thématiques des éditions Harlequin*
>
> Dès les années 1970, Harlequin a segmenté son offre pour séduire différents lectorats. Par exemple, sa collection Blanche se concentre sur des récits dans le milieu médical, tandis qu'Azur met en avant des histoires passionnées avec des milliardaires et des cadres exotiques. Harlequin relançait aussi régulièrement ses titres dans d'autres collections, avec des couvertures ou des titres adaptés, maximisant ainsi la durée de vie des ouvrages et touchant de nouveaux segments.
>
> *Les différentes éditions de la saga* Sorceleur
>
> *The Witcher* (*Le Sorceleur*), publié par Bragelonne en francophonie et d'abord destiné aux passionnés de fantasy, est une série de romans polonais qui a élargi son audience grâce à des stratégies différenciées et à des opportunités cross et multimédias (jeux vidéo, série Netflix, etc.). Plusieurs éditions adaptées ont vu le jour quasi simultanément pour toucher différents lectorats. Cette segmentation a permis à l'éditeur d'adapter son message à chaque segment, maximisant ainsi l'impact de l'œuvre sur le marché.

***Tableau 10.2** – Avantages et inconvénients du marketing différencié*

| FORCES | LIMITES |
|---|---|
| Élargit la base de lecteurs en ciblant plusieurs segments | Nécessite des investissements élevés pour produire et promouvoir plusieurs éditions |
| Optimise les canaux de distribution avec des produits adaptés | Complexité accrue avec des stratégies multiples à mener en parallèle |
| Permet d'adapter l'œuvre à des opportunités commerciales | Demande une connaissance fine des segments ciblés |
| Réduit les risques en équilibrant les succès entre segments/exploitations | Exige une coordination optimale en interne |

**CAS D'ÉDITION**

### *Stratégies multisegments pour des œuvres exploitées par des multi éditeurs*

Le marketing différencié s'appuie souvent sur des collaborations entre éditeurs pour multiplier les éditions et les formats d'une œuvre. Un roman lancé en grand format peut, par exemple, être adapté en poche par un éditeur spécialisé, décliné pour les clubs de lecture ou en éditions adaptées pour malvoyants et dyslexiques. Ces partenariats optimisent la distribution et touchent différents segments, maximisant ainsi le potentiel de l'œuvre.

Le marketing différencié incarne une approche dynamique et adaptée à la diversité du marché de l'édition. Il offre la possibilité de transformer une œuvre unique en un succès multisegment, tout en répondant précisément aux attentes des lecteurs. Bien qu'exigeante, cette stratégie est une véritable force pour les éditeurs cherchant à se démarquer dans un marché concurrentiel.

# Le marketing concentré : une stratégie focalisée

Le marketing concentré (ou de niche) repose sur une stratégie focalisée, ciblant un type très précis de produit, de lecteur ou de besoin de consommation. Il s'adresse à des segments restreints mais passionnés, avec des produits répondant à des besoins spécifiques. Contrairement aux approches de masse ou différenciées, cette stratégie repose sur une focalisation pointue, mettant en avant des ouvrages ou des formats uniques qui séduisent un public exigeant, souvent prêt à investir davantage pour une expérience de qualité.

Les caractéristiques clés de cette stratégie sont les suivantes :

- une stratégie spécialisée pensée pour répondre aux attentes précises d'un lectorat ciblé, qu'il s'agisse de thèmes, de genres ou de formats ;
- un marché restreint mais fidèle : ce lectorat, bien que limité, est souvent très engagé, garantissant une fidélité durable ;
- émergence via l'autoédition et le crowdfunding : de nombreuses niches commencent sur des plateformes comme Wattpad ou Amazon KDP, où les auteurs testent directement leur audience avant d'être repérés par des éditeurs.

> ***Exemples :*** *The Folio Society, éditeur de luxe*
>
> Folio Society, éditeur britannique, produit de belles éditions de classiques littéraires rares et de qualité supérieure, avec des illustrations et des matériaux haut de gamme, à des prix pouvant atteindre parfois les six chiffres.
>
> *Les niches en autoédition comme la* monster romance
>
> L'autoédition permet de faire émerger certains sous genres extrêmement spécifiques comme celle de la *monster romance* ou encore de la romance avec des dinosaures. Ces segments très atypiques trouvent leur public dans les communautés d'autoédition.

***Tableau 10.3*** *– Avantages et inconvénients du marketing concentré*

| FORCES | LIMITES |
|---|---|
| Expertise et notoriété renforcées : la spécialisation attire naturellement un public fidèle | Dépendance à un segment restreint, difficulté à se réinventer si le segment décline |
| Produits spécifiques justifiant des prix élevés | Faibles volumes de ventes limitant la rentabilité globale |

| FORCES | LIMITES |
|---|---|
| Forte fidélisation grâce à une offre rare et ciblée | Exige une connaissance approfondie du marché et des attentes de la niche |

Le marketing concentré est une stratégie exigeante mais payante pour les éditeurs souhaitant se spécialiser dans des segments restreints mais engagés. En combinant une connaissance fine de leur cible et une offre différenciée, ils peuvent bâtir une expertise reconnue tout en fidélisant un lectorat exigeant et passionné.

# Le marketing individualisé : une stratégie au plus proche du lecteur

Le marketing individualisé (ou marketing personnalisé) repose sur une personnalisation poussée de l'offre, pensée pour répondre aux attentes précises d'un lecteur unique ou d'un groupe très restreint. Dans un marché de plus en plus concurrentiel, cette approche mise sur l'expérience personnalisée pour capter l'attention et renforcer l'engagement.

Les caractéristiques clés de cette stratégie sont les suivantes :

- relation directe où l'éditeur ou l'auteur établit un lien privilégié avec le lecteur ;
- tout est pensé pour que chaque consommateur se sente unique ;
- offres dédiées exclusives comme des ouvrages et produits dédicacés, des éditions limitées numérotées, des contenus exclusifs, des précommandes enrichies avec un mot personnalisé.

***Tableau 10.4*** – *Avantages et inconvénients du marketing individualisé*

| AVANTAGES | LIMITES |
|---|---|
| Grande fidélisation et loyauté inégalée grâce à une relation unique | Coûts élevés en ressources humaines et financières |
| Expérience valorisante et privilégiée pour le lecteur | Volumes limités, rendant la rentabilité difficile (pas d'économie d'échelle) |
| Rareté et exclusivité qui augmentent la désirabilité et les prix | Produits premiums très onéreux et non accessible à tout le monde |
| Opportunité de différenciation forte | Exigence accrue des lecteurs notamment sur la qualité et la communication |

Le marketing individualisé est une approche exigeante mais puissante, idéale pour capter un lectorat en quête de personnalisation et d'expériences uniques (produits mais aussi services). Si elle implique des ressources importantes, elle permet de bâtir une fidélité inégalée et d'affirmer une différenciation forte dans un marché de plus en plus orienté vers le sur-mesure.

# LES STRATÉGIES PULL ET PUSH : ATTIRER OU DIRIGER LE LECTORAT

Après avoir analysé les différents types de marketing (de masse, différencié, concentré et individualisé), il est crucial de comprendre comment transformer ces approches en actions concrètes pour atteindre efficacement les cibles définies. Les stratégies push et pull jouent ici un rôle central, en définissant les dynamiques d'interaction entre le produit et le consommateur. Tandis que la stratégie push vise à pousser activement le produit vers les consommateurs, la stratégie pull cherche à attirer naturellement ces derniers vers le produit. Ensemble, elles permettent d'élaborer des campagnes marketing adaptées aux objectifs et aux besoins des lecteurs.

## La stratégie push : pousser le produit vers le consommateur

En édition, la stratégie de push marketing consiste à rendre le produit visible et accessible aux lecteurs avant même qu'ils ne le recherchent activement. Cette approche repose sur des actions directes visant à placer le livre devant les consommateurs, que ce soit via des campagnes publicitaires massives ou par une forte présence en points de vente.

Les mises en avant en librairie, les vitrines thématiques, les stands dans les salons du livre ou encore les publicités dans des médias, qu'ils soient digitaux ou non, sont des exemples typiques de stratégie push.

> ***Conseil :*** *Quand utiliser le push marketing en édition ?*
>
> – Les nouveautés à fort potentiel commercial pour attirer l'attention sur la parution du titre.
> – Des auteurs émergents pour se faire connaître et gagner en visibilité.
> – Les fêtes de fin d'année, rentrées littéraires ou autres temps forts.

La stratégie push, lorsqu'elle est bien exécutée, permet d'augmenter rapidement la notoriété et les ventes d'un ouvrage.

### La stratégie pull : attirer le consommateur vers le produit

Contrairement à la stratégie push, la stratégie pull consiste à attirer naturellement le client vers le produit ou l'œuvre, en suscitant un intérêt ou un besoin qu'il vient combler. L'objectif est d'inciter le consommateur à rechercher le produit, plutôt que de le lui imposer directement.

En édition, cela passe par des actions visant à augmenter la notoriété d'un livre ou d'un auteur, souvent grâce à des campagnes de communication engageantes et à des contenus qui mettent en avant l'attrait émotionnel ou intellectuel de l'œuvre. Par exemple, la création de contenu pour susciter l'intérêt et réseaux sociaux, les recommandations, etc.

Cette méthode s'adresse davantage aux cibles de communication (lecteurs potentiels) en jouant sur leur curiosité ou leur désir d'appartenance à une communauté.

La complémentarité de ces deux approches permet de s'adapter à chaque cible et ouvrage, et garantit une stratégie marketing équilibrée, à la fois efficace et cohérente.

## CHOISIR SA STRATÉGIE DE CIBLAGE

Le choix d'une stratégie de ciblage est une étape cruciale qui conditionne toute la vie d'un ouvrage, son succès et son lien avec ses lecteurs. Ce choix repose sur plusieurs critères fondamentaux qui permettent d'articuler les objectifs de l'éditeur avec les attentes des lecteurs et les dynamiques du marché.

**L'objectif de l'éditeur.** L'ambition première est déterminante. L'éditeur souhaite-t-il lancer un bestseller grand public, avec une large portée, ou au contraire développer une niche ultra-spécifique et fidéliser un lectorat passionné mais restreint ?

**L'analyse du potentiel de l'ouvrage.** Comprendre la taille du marché visé et donc le nombre de consommateurs pouvant être intéressé (tout comme les concurrents et leurs diverses offres disponibles) est primordial. Notamment, quels segments sont porteurs et dans quelle mesure l'ouvrage peut-il répondre à ces attentes ?

**La rentabilité potentielle estimée.** Une stratégie de ciblage doit aussi prendre en compte les coûts associés et les marges possibles. Peut-on rentabiliser les coûts d'édition et de marketing avec cette stratégie ? Cette question est essentielle, notamment pour des ouvrages nécessitant des investissements importants, comme les éditions collectors ou les campagnes de publicité massives.

**Les tendances du marché.** L'analyse des genres ou formats en croissance est incontournable pour aligner une stratégie avec la demande actuelle. Des phénomènes comme la *romantasy* ou les ouvrages de bien-être montrent comment capter une tendance peut transformer un ouvrage en succès.

### *L'importance de l'opportunisme dans la stratégie de ciblage en édition*

Une œuvre littéraire ne s'arrête pas à sa publication initiale. Certaines deviennent des ventes de fonds, d'autres cessent de vendre, mais beaucoup trouvent une nouvelle vie grâce à des adaptations ou des phénomènes culturels, souvent bien des années après leur parution.
Par exemple, le roman de science-fiction *Dune* de Frank Herbert, initialement un succès modéré, a vu sa notoriété exploser grâce à ses adaptations cinématographiques. La version de Denis Villeneuve en 2021 a relancé l'intérêt pour la saga, entraînant des rééditions variées (luxueuses, poches, *tie-in*) et touchant à la fois anciens fans et nouveaux lecteurs. Les ventes ont bondi de plus de 500 % après la sortie du film (*Publishers Weekly*, 2022).
Les réseaux sociaux jouent aussi un rôle clé dans la redécouverte des œuvres. *Le Chant d'Achille* de Madeline Miller, paru en 2011, est devenu un bestseller dix ans plus tard grâce au phénomène BookTok, avec plus de 2 millions d'exemplaires vendus (*The Guardian*, 2021).

Ces opportunités demandent réactivité et créativité. Les éditeurs qui savent adapter leurs stratégies, créer des éditions spéciales ou repositionner un titre peuvent capter de nouveaux publics : jeunes attirés par TikTok, cinéphiles grâce à un film ou collectionneurs séduits par des éditions limitées.
Aujourd'hui, dans un monde dominé par le cross-média et les réseaux sociaux, la clé est l'agilité. Une œuvre peut dépasser son cycle de vie initial si l'éditeur sait exploiter ces leviers pour maximiser sa visibilité et son succès.

Il existe donc différentes stratégies de ciblage marketing en fonction des objectifs, du produit et de la cible visée. Cependant une stratégie ne peut exister en vase clos en tant que telle. Aussi essentielle soit-elle pour déterminer à qui s'adresser et comment, elle doit impérativement être mise en perspective et être confrontée avec la réalité du marché. Croiser les éléments vus ci-avant avec des éléments concrets comme l'état de santé des segments, les dynamiques concurrentielles et les performances des produits permet d'affiner encore davantage les choix stratégiques.

Pour une stratégie de ciblage efficace, il est aussi important de bien comprendre les particularités du produit livre en tant que produit culturel. On ne vend pas un livre comme on vend des chaussures et il est important de comprendre les ressorts qui se jouent quand on touche aux produits culturels et particulièrement au livre en tant que tel.

# CHAPITRE 11

# Le livre, produit culturel en tant que tel

## Points clés

- **Passé d'objet rare à produit de masse, le livre a évolué, tout comme son marketing.** Historiquement centré sur l'offre, le marché du livre s'est réorienté vers une logique commerciale où la demande des lecteurs et les tendances influencent fortement la création et la promotion. Ces derniers deviennent même de véritables cocréateurs du livre.
- **La « bestsellarisation » du marché et les choix davantage mass market** des maisons d'édition font évoluer le marché et peuvent impacter les choix éditoriaux et donc les œuvres qui seront publiées.
- **Cette dualité entre les dimensions artistiques et commerciales de l'édition** joue un rôle essentiel en soutenant à la fois la diversité littéraire et la rentabilité. Grâce à la mutualisation des risques, les éditeurs peuvent générer des revenus avec des ouvrages à fort potentiel commercial, ce qui leur permet ensuite de financer des œuvres plus audacieuses ou artistiques, mais au succès moins assuré.

Le livre occupe une place unique à la croisée des chemins entre art et commerce. Tantôt objet de contemplation intellectuelle et émotionnelle, tantôt produit de consommation façonné par les lois du marché et la demande des lecteurs, il évolue au fil des époques, des innovations et des attentes de son lectorat.

# LES RÉVOLUTIONS TECHNOLOGIQUES ET SOCIALES

## De l'objet rare au produit de masse

À l'origine, le livre, copié à la main, était un objet de luxe réservé à une élite lettrée. L'imprimerie au XVI^e siècle a bouleversé cette exclusivité, amorçant une démocratisation. Avec l'industrialisation et le format poche, la lecture est devenue populaire, transformant le livre en un bien culturel de masse. Aujourd'hui, les plateformes numériques et l'autoédition redéfinissent le marché, élargissant l'offre et intensifiant la concurrence[1].

## D'un marketing de l'offre à la demande

### Historiquement, une primauté de l'offre

Pendant longtemps, le lecteur était placé à la fin du processus éditorial. L'auteur écrivait, les éditeurs sélectionnaient alors des titres qu'ils considéraient comme artistiquement ou culturellement valables, sans trop se préoccuper de la demande du public, celui-ci choisissant parmi ce qui lui était proposé. C'était l'essence même du marketing de l'offre : on créait l'œuvre sans nécessairement savoir si elle répondait à une demande claire, le public ne pouvant pas faire autrement qu'adhérer à cause d'une offre trop peu nombreuse.

### Une évolution vers un marketing de la demande

Avec l'évolution des moyens de production et l'industrialisation, le marché du livre s'est transformé. Dès lors la consommation basée sur l'offre à évoluer en une demande en expansion constante où la création est influencée par la

1. FEBVRE Lucien et MARTIN Henri-Jean, *L'Apparition du livre*, Albin Michel, 1958.

demande du public et où le marketing joue un rôle clé dans cette transition. Le livre, désormais un bien de consommation, se retrouve sur un marché hautement concurrentiel et côtoie une offre similaire. L'objectif est donc de se démarquer dans un marché saturé en cherchant à maximiser les ventes et sa visibilité à travers l'analyse des tendances et l'offre de la concurrence, tout en anticipant les besoins des lecteurs en ajustant leurs choix éditoriaux et leurs stratégies marketing (produit, promotion, etc.).

### D'une logique artistique à une logique commerciale

Désormais dans une logique de volume et de maximisation des profits, la transition d'une logique créatrice à une logique commerciale prépondérante et à un marché de bestsellers ont conduit les éditeurs à privilégier des titres à fort potentiel commercial plutôt qu'à leurs goûts littéraires. L'arrivée des plateformes numériques et de l'autoédition a intensifié encore davantage cette dynamique.

### Auteurs, lecteurs et éditeurs : véritables cocréateurs du produit livre

Aujourd'hui, ce modèle s'est plus qu'inversé, les lecteurs devenant de véritables cocréateurs du livre. En effet, ils ne sont plus uniquement soumis à l'offre mais peuvent carrément la faire émerger et peuvent également participer à sa création. Ils influencent directement ce qui est publié, comment cela est conçu, et même quels types de livres vont émerger. Ce sont eux qui dictent l'offre en amont et les éditeurs suivent le mouvement. Le financement participatif (tout comme Wattpad, etc.) le démontre très bien.

# LE LIVRE, UN PRODUIT CULTUREL ET ÉMOTIONNEL

## Les caractéristiques des produits culturels

Le livre partage certaines caractéristiques des produits culturels – complexité, symbolisme, hédonisme et temporalité – tout en se démarquant par son unicité. Contrairement à un objet utilitaire, il invite à une expérience émotionnelle et intellectuelle. Il véhicule des symboles, des idées et des valeurs qui transcendent son aspect matériel, devenant ainsi un vecteur d'identité et de mémoire collective[1].

### *L'expérience, socle de la consommation du livre*

Lire un livre, c'est bien plus que parcourir des pages : c'est vivre une œuvre, s'en nourrir et, parfois, se transformer.
L'expérience est sensorielle (texture du papier, odeur de l'encre), pratique (numérique, audio), intellectuelle (apprentissage, réflexion), émotionnelle (rire, pleurs, nostalgie) et même sociale.
Et aujourd'hui collective : les réseaux sociaux et les clubs de lecture transforment cette expérience intime en une aventure collective. Ces dimensions enrichissent le lien entre le lecteur et l'œuvre, faisant du livre un produit à part, à la fois universel et profondément personnel.

## Le marketing des émotions : une stratégie essentielle pour le livre

Au-delà de ses spécificités en tant que produit culturel, le livre s'inscrit parfaitement dans une stratégie de marketing des émotions, qui en exploite les différentes dimensions pour enrichir l'expérience du lecteur et créer un lien fort entre l'œuvre et son public.

La consommation culturelle est intrinsèquement subjective et multisensorielle. Hirschman et Holbrook (1982) ont mis en avant que cette consommation repose sur des émotions, des sensations et une immersion dans l'imaginaire. C'est particulièrement vrai pour le livre de fiction.

1. Bourgeon-Renault, Debenedetti S. *et al.*, *Marketing de l'art et de la culture*, 3e édition, 2024.

# MARKETING ET ART, DEUX NOTIONS COMPLÉMENTAIRES

Le marketing du livre soulève une question centrale : comment concilier la liberté créative avec les impératifs commerciaux ?

## La crainte d'une uniformisation de l'offre

La rentabilité pousse parfois à privilégier des titres à fort potentiel commercial et à craindre une certaine uniformisation de l'offre sous la pression des bestsellers qui influencent souvent les choix du marché. Le danger est de voir émerger de plus en plus d'ouvrages formatés selon des recettes éprouvées, au détriment de la diversité littéraire et des projets éditoriaux plus audacieux. Même si la tendance à la « bestsellarisation » est bien réelle et a des répercussions importantes sur l'industrie et le marché, le marketing peut aussi jouer un rôle crucial pour mettre en avant des œuvres atypiques, leur offrir une chance d'exister et les aider à trouver leur public.

## Mutualisation des risques entre rentabilité & créativité

Bien que le marketing réponde à des objectifs commerciaux et financiers, il peut paradoxalement également permettre une forme d'indépendance créative. En effet, en misant sur des titres à fort potentiel commercial, un éditeur peut générer des revenus suffisants pour soutenir la publication d'œuvres plus marginales, et donc moins rentables à côté. Une partie des revenus de certains bestsellers financent alors des titres plus risqués commercialement. Cette mutualisation des risques est un élément clé du fonctionnement des maisons d'édition, permettant d'équilibrer une offre variée et de laisser la place à des créations plus audacieuses[1].

1. Poggioli N., *Les métiers de l'édition*, Le Cercle de la librairie, 2012.

Le livre est passé d'un objet rare et élitiste à un produit culturel de masse, grâce à des évolutions technologiques et sociales majeures. Chaque étape a redéfini non seulement son accessibilité mais aussi la manière dont il est commercialisé et promu.

Le livre, à la fois œuvre d'art et produit de consommation, occupe une place unique dans le paysage culturel. Son évolution, de l'objet rare et précieux à un bien de masse, reflète les transformations technologiques, sociales et économiques de notre société. Aujourd'hui, il incarne une richesse d'expériences où se mêlent émotion, réflexion et sensorialité, tout en s'adaptant à des stratégies marketing de plus en plus sophistiquées.

Cette dualité entre art et commerce, souvent perçue comme un défi, se révèle aussi une force : le marketing, loin de brider la création, peut offrir un cadre qui soutient la diversité littéraire et permet à des œuvres audacieuses de trouver leur public. Ainsi, le livre reste un objet profondément personnel et universel, capable de transcender les époques et de s'adapter aux attentes d'un lectorat toujours plus exigeant.

# CHAPITRE 12

# Le P de produit : peut-on juger un livre à sa couverture ?

## Points clés

- **Le livre est un produit complexe, façonné à chaque étape pour trouver son public et se différencier sur son marché.** Derrière chaque couverture qui attire l'œil, chaque collection qui rassure et chaque genre qui séduit se cache une réflexion stratégique. C'est l'ensemble du produit qui fait la différence.
- **Développer un produit éditorial c'est d'abord en comprendre les attributs fondamentaux.** Ces choix ne sont jamais anodins et posent les premières pierres de la stratégie commerciale du livre.
- Que ce soit par l'innovation, la qualité ou la spécialisation, chaque éditeur doit **définir la stratégie la plus en phase avec son public et ses ambitions**.
- **Les collections et les chartes graphiques s'imposent, elles, comme des repères forts.** Enfin, les genres littéraires évoluent, s'adaptent et parfois même se créent de toutes pièces et sont travaillés comme de vrais produits.

Le marketing mix est un outil clé pour développer, positionner et vendre un produit éditorial, qu'il s'agisse d'un livre, d'une collection ou d'un auteur. Les 4P, créé par McCarthy dans les années 1960[1], reste une référence pour structurer une stratégie commerciale :

- le **produit** : le contenu et la forme proposés (livre, collection, format, service) ;
- le **prix** : la politique tarifaire, incluant les promotions éventuelles ;
- les **points de vente** : les canaux de distribution (librairies, GSS, ventes directes, salons) ;
- la **promotion** : les actions pour rendre le produit visible (presse, réseaux sociaux, influenceurs).

Ces éléments sont interconnectés. Autrement dit, changer la couverture d'un livre (produit) peut influencer sa stratégie de promotion et les canaux où il sera vendu (points de vente). Cette interdépendance garantit une stratégie cohérente et efficace.

Le produit est souvent perçu comme l'élément central du marketing mix. En effet, sans produit spécifique en tant que tel, il est difficile de bâtir une stratégie de prix, de distribution ou encore de communication efficace. C'est ici donc que tout commence. L'objectif est de créer un produit qui répond non seulement à une demande, mais qui sait aussi se démarquer sur un marché saturé. Chaque choix autour du produit – de la couverture au format, en passant par la charte graphique, etc. – façonne sa trajectoire commerciale et impactera tous les autres aspects du marketing mix.

## BIEN PLUS QU'UN TEXTE ET QU'UNE COUVERTURE

Un livre, en tant que produit éditorial, n'est pas qu'une histoire ou une couverture. C'est tout ce qui transforme un manuscrit en objet prêt à rencontrer son public. Le produit est la première chose qui capte l'attention du lecteur. Pour le livre papier, ce sont les aspects sensoriels et intellectuels qui attirent le plus souvent en points de vente. Pour le numérique, bien que dématérialisé,

1. McCarthy E. J., *Basic Marketing: A Managerial Approach*, R. D. Irwin,1960.

le fichier reste un produit où la couverture, la mise en page, l'interactivité et l'accessibilité façonnent l'expérience utilisateur.

## Le packaging du livre : les attributs d'un produit

### Les choix de fabrication

Chaque choix de fabrication d'un livre (format, papier, dorure, embossage, reliure, jaspage, etc.) véhicule un imaginaire et influence la perception du lecteur. Ils répondent à des usages (praticité, objets de collection, etc.), des publics et des objectifs différents. Par exemple, les livres pour enfants privilégient le format relié ou cartonné avec des pages épaisses et résistantes, adaptées aux petites mains et à la manipulation fréquente. A contrario, les livres de cuisine sont souvent en grand format relié avec du papier glacé, facilitant la lecture et le nettoyage en cuisine. Choisir le format, la reliure ou encore le papier d'un objet-livre n'est donc pas qu'une simple question de coût, même si le budget rentre en compte pour être rentable. Chaque choix ne se limite pas à l'esthétique mais participe pleinement au positionnement du produit et influence tout le marketing mix, en particulier le prix et la perception de valeur. Cela contribue à définir l'identité commerciale du livre et impacte la manière dont il est perçu dans les différents points de vente.

Enfin, certains effets de fabrication servent aussi de signalétiques pour des collections ou des avertissements. C'est le cas de la Dark Romance des Éditions Hugo & Cie, dont les œuvres, parfois choquantes pour un public jeune ou sensible, se distinguent par le jaspage noir et d'autres éléments.

Choisir de brocher ou relier un livre ou encore de l'éditer en format poche ou encore en numérique (que ce soit en ebook ou audiobook) répond à des objectifs différents et n'est jamais un choix anodin.

**CAS D'ÉDITION**

Donner plusieurs vies à une œuvre grâce aux différents formats et reliures
Puisque le cycle de vie d'un livre dépasse souvent une seule publication, utiliser différents formats et reliures permet de répondre à des usages variés et de toucher plusieurs segments de marché.

En effet, chaque format s'adresse à un lectorat différent et permet de prolonger la vie du livre, d'en diversifier les canaux de vente et de maximiser les revenus sur la durée.
Ces choix, essentiels pour la stratégie éditoriale, influencent la rentabilité et la portée d'un ouvrage, tout en étant culturellement spécifiques (Europe francophone vs Amérique du Nord).

On distingue principalement deux types de reliures majeures.

- La reliure reliée (ou *hardback* en anglais) : format cartonné premium, courant en Amérique du Nord. Plus coûteux, il cible les collectionneurs ou premières publications pour amortir les coûts d'édition.
- La reliure brochée (ou *paperback) :* format souple et standard en Europe, souvent publié après le format relié en Amérique du Nord pour relancer les ventes.

Incontournable en France, le format poche est le symbole du *mass market*. À la fois économique et accessible, il joue un rôle clé en multipliant les ventes par rapport aux grands formats, grâce à son large attrait auprès du public. Au Québec, c'est le semi-format ou compact qui sont préférés : entre le poche et le grand format, le compact est l'un des semi-formats les plus courants en Amérique du Nord, notamment les éditions grand public.

Au-delà des reliures et formats classiques (grand et semi-format, compact, poche), un livre peut renaître plusieurs fois sous des formes différentes.

- Les intégrales : regroupement de plusieurs tomes en un seul volume, notamment des duologies et trilogies. Elles permettent de faire renaître des sagas (ex. : *Le Trône de fer* chez J'ai Lu).
- Les éditions collectors : versions spéciales souvent reliées (avec jaspage par exemple sur la tranche). Elles visent les fans et les collectionneurs.
- Les formats numériques comme l'audiobook et l'ebook : ils sortent souvent en simultané avec les formats papier, complétant l'offre pour des publics ou des usages différents, en élargissant l'offre sur les revendeurs numériques.

Souvent, un roman populaire peut sortir en format relié (*hardback*), puis en format broché, avant d'arriver en poche. Entre-temps, une version collector ou le format audio peuvent venir compléter l'offre.

## La couverture

La **première de couverture** est le premier argument de vente d'un livre, que ce soit en librairie, sur les plateformes ou réseaux sociaux. Selon Nielsen Book Research, 70 % des décisions d'achat en librairie sont directement influencées par la couverture (GfK Nielsen).

Premier contact visuel, elle traduit l'essence du texte, attire l'œil et donne le ton. Véritable vitrine, elle joue un rôle clé dans la décision d'achat, souvent avant même la lecture de la quatrième de couverture ou des critiques.

C'est pour cette raison qu'une couverture efficace doit absolument :

- refléter fidèlement l'œuvre et son positionnement ;
- s'adresser au bon lectorat ;
- s'adapter aux différents circuits de vente ;
- se démarquer face à la concurrence sur le même segment.

Dans un marché saturé où chaque rayon déborde de titres, l'impact visuel est crucial. Le livre ne peut risquer de passer inaperçu, et se doit de séduire son lectorat cible avec les codes graphiques auxquels il est sensible.

De plus, les goûts graphiques et les tendances visuelles changent constamment selon les époques, les marchés et les cultures. C'est pourquoi les couvertures varient autant d'un pays à l'autre et pourquoi les rééditions sont essentielles pour faire vivre une œuvre sur la durée, en particulier pour les classiques.

Un même roman peut connaître plusieurs vies grâce à ses couvertures, chacune visant à séduire un nouveau lectorat[1].

### AVIS D'EXPERTE

***Françoise Geoffroy-Bernard****, consultante en marketing appliqué au livre*

#### QUELLES SONT LES FONCTIONS DE LA COUVERTURE ?

La couverture d'un livre a des fonctions techniques et commerciales. Les fonctions techniques consistent à protéger et conserver l'objet-livre, à faciliter son utilisation, son transport, son stockage et son rangement, ainsi qu'à donner globalement accès à de l'information.

1. Pour plus d'informations, je vous conseille l'article de Getboox « Tout ce que vous devez savoir sur la couverture livre », *Renaud M.J*, septembre 2024.

Les fonctions commerciales permettent quant à elles d'alerter, de faire repérer (est-elle lisible en petit pour les sites web, de loin pour les étals de libraires ?) et de participer au merchandising.

Françoise Geoffroy-Bernard distingue plusieurs types de couvertures[1].

- **La couverture marque-produit** met en avant le nom de l'auteur ou le titre dans le cas où le nom est un argument marketing de poids (pour les bestsellers et auteurs à succès).
- **La couverture marque-gamme** met en avant la collection (genres littéraires et labels à succès, édition scolaire et universitaire, livres pratiques, etc.). Ils sont faits en fonction d'une charte stricte de l'éditeur qui doit être facilement identifiable et donner un effet de masse visuellement dans les rayons et sur les tables des libraires.
- **La couverture marque-ombrelle** met en avant une marque-gamme qui a réussi et des licences à succès dont les noms ont dépassé le livre et qu'on retrouve sur d'autres produits comme des jouets, des jeux de société, etc. (*Harry Potter, Hunger Games, Sorceleur*, etc.).
- **La couverture marque-caution** met en avant une maison d'édition reconnue, ceci parlant surtout aux professionnels du livre ou à des spécialistes.

**CAS D'ÉDITION**

## Orgueil et Préjugés : *une œuvre intemporelle aux mille éditions et couvertures*

Pour saisir pleinement l'impact des couvertures sur la perception d'un même texte, il suffit de regarder les nombreuses éditions d'*Orgueil et Préjugés* de Jane Austen disponibles en français. Si le roman demeure un classique intemporel, ses couvertures, elles, évoluent sans cesse pour s'adapter aux tendances et aux lectorats.
Au 30 décembre 2024, pas moins de 34 éditions différentes de ce roman sont répertoriées sur le marché francophone (source : Booknode).

1. Adapté du résumé du cours de F. Geoffroy Bernard – Polen

Des nouvelles éditions voient constamment le jour, chacune accompagnée d'un choix graphique soigneusement pensé pour séduire un type de lecteur bien précis et en fonction de l'éditeur, de son image et de son style.
Et les différentes couvertures sont très différentes les unes des autres :

- les couvertures classiques et sobres, minimalistes, où seuls la typographie et le nom de l'autrice suffisent à évoquer la grandeur du texte. Parfaites pour les puristes et amoureux de littérature ;
- les illustrations d'époque, mettant en avant des gravures ou portraits anciens, jouent sur la tradition et le prestige littéraire ;
- les designs modernes et épurés, qui cassent les codes du classique pour adopter des couleurs vives et des lignes graphiques contemporaines, ciblant un public plus jeune et néophyte ;
- les couvertures romantiques, qui évoquent directement l'histoire d'amour centrale du roman, séduisant les amateurs de romances historiques.

Ces différentes éditions donnent l'impression qu'il s'agit d'œuvres totalement distinctes voire opposées. Et c'est là tout le pouvoir du design éditorial : transformer un même texte en multiples produits.

Le cas de Jane Austen est spécifique à une autrice éditée en simultanée sur une même œuvre par des dizaines d'éditeurs. Parfois, en fonction des différentes éditions chez un même éditeur, les couvertures vont aussi être différentes et cela peut être notamment le cas entre une édition papier et celle numérique parues simultanément.

Pour Émilie Mathieu, directrice générale d'e-Dantès, « l'adaptation des couvertures est essentielle pour rendre un titre attractif en numérique. En raison du format vignette sur les plateformes, il est crucial que la typographie et les visuels soient lisibles et accrocheurs, même en petite taille. Cela diffère du papier, où les lecteurs peuvent manipuler le livre et apprécier son design global. Les éditeurs doivent souvent repenser les visuels pour maximiser l'impact en ligne, sans pour autant trop s'éloigner de l'identité du produit ».

**La quatrième de couverture.** Si la première de couverture attire l'œil, c'est souvent la quatrième qui scelle la décision d'achat car elle infirme ou confirme un intérêt et l'envie de lire – ou d'offrir – le livre en question. Elle agit comme le dernier argument commercial et donne les informations pertinentes pour éveiller l'intérêt et donner un avant-goût de l'expérience et du contenu.

**Le dos d'un livre** joue quant à lui un rôle stratégique. Visible dans les rayons ou sur les étagères, il doit transmettre l'essentiel : titre, auteur, série, tomaison et logo de l'éditeur, sur un espace réduit.

On note une valorisation esthétique croissante, comme les « bibliothèques arc-en-ciel » influençant les designs, ou le jaspage sur les tranches des livres reliés, apportant une touche artistique qui séduit les lecteurs.

**Le titre.** Par ailleurs, on n'y pense pas toujours, mais le titre – qu'il s'agisse de l'ouvrage et du titre de la série le cas échéant – fait partie intégrante du produit. C'est le premier crochet pour attirer le lecteur et donner une idée du contenu du livre qui doit capter l'attention et refléter l'essence du texte.

Enfin, les informations mises en avant sur une couverture – comme « adapté par Netflix », « bestseller international » ou une *tagline* percutante – sont des outils marketing essentiels qui entrent dans la conception du produit en tant que tel. Ces éléments agissent comme des déclencheurs immédiats, rassurant le lecteur ou piquant sa curiosité, et peuvent à eux seuls faire basculer un achat.

**CAS D'ÉDITION**

### *Le nom de l'auteur, un levier clé du produit*

La couverture ne met pas toujours l'accent sur l'histoire, mais souvent sur l'auteur lui-même, en particulier lorsqu'il s'agit d'un auteur à succès. Des noms comme Guillaume Musso, Marc Lévy, Stephen King ou Colleen Hoover sont des arguments de vente directs. Leur simple mention en couverture suffit à capter l'attention, devenant l'élément central du produit. Certains auteurs disposent même de chartes graphiques spécifiques, créant une identité visuelle forte qui s'apparente à une véritable marque personnelle. Plus l'auteur est connu, plus son nom domine la couverture. Pour Stephen King, le nom seul peut occuper jusqu'à un tiers de la page, laissant parfois le titre relégué en second plan.

Des auteurs comme Joël Dicker ou Amélie Nothomb ont des codes visuels et des styles qui leur sont propres. Les couvertures d'Amélie Nothomb affichent quasi systématiquement sa photo, renforçant ainsi sa signature visuelle et son lien direct avec le lecteur.

## La maquette intérieure

La maquette d'un livre, les choix typographiques et les illustrations jouent un rôle fondamental dans l'expérience de lecture. Ces éléments sont mûrement réfléchis en fonction des normes de l'éditeur et des objectifs du livre. Chaque maison a ses propres standards et ambitions.

La mise en page influence consciemment ou inconsciemment la manière dont un livre est consommé. Plus la lecture est fluide et adaptée au contenu et à son public, plus l'ouvrage remplit efficacement sa fonction. Selon le type de livre, les éléments seront agencés de manière spécifique : un roman, un livre illustré et un guide pratique n'adopteront pas la même structure ni les mêmes choix graphiques.

> ***Exemple :*** *Le travail sur la mise en page de cet ouvrage*
>
> Ici dans une optique pédagogique, la maquette est conçue pour faciliter la lecture et l'apprentissage, avec des titres courts, des éléments en gras pour mettre en valeur les points clés et une mise en page optimisée pour les cibles que sont les étudiants et les professionnels. Ce travail est le fruit d'une collaboration entre l'éditrice et l'autrice, qui doivent aussi composer avec des contraintes techniques : nombre de signes, pagination, format du livre, etc.

Au-delà du texte lui-même, certains éléments visuels peuvent être intégrés pour renforcer l'immersion et enrichir l'expérience du lecteur. Cartes, croquis, schémas ou encore un premier chapitre en avant-première (dans le cas d'une série) sont autant d'outils qui facilitent la lecture et participent pleinement au marketing produit.

De plus, si la couverture attire, les premières pages sont un outil de rétention. Elles doivent captiver immédiatement pour aspirer le lecteur dans l'ouvrage, exigeant une attention particulière de l'auteur et de son éditeur.

Plus généralement, chaque élément qui façonne un livre – contenu ou contenant – relève du P de produit. Ces choix, visibles ou non, définissent l'identité du livre, influencent la perception du lecteur et justifient son prix ou son placement dans les rayons.

**CAS D'ÉDITION**

## *Le beau livre ou le cas de l'objet de collection*

Longtemps perçu comme un simple support d'information ou de divertissement, on observe une véritable mode et un retour aux sources du livre en tant qu'objet de collection.

### *Le phénomène des beaux livres*

Les beaux livres sont devenus un segment à part entière du marché notamment en cuisine, art, histoire, albums jeunesse ou dans certains genres avec des lectorats de collectionneurs comme le young adult, l'imaginaire et la romance.

### *Pourquoi ce retour au bel objet ?*

Pendant des années, on a cru que le numérique allait balayer le livre papier. Beaucoup prédisaient la disparition du format physique, mais ça ne s'est jamais produit. Et pour cause : le numérique et le papier ne s'adressent pas toujours au même public.
Les gros lecteurs achètent en numérique pour des raisons pratiques (prix, espace), mais ils peuvent acheter l'objet physique par la suite pour une édition particulière ou pour garder un livre qui les a marqués. On voit de plus en plus un retour aux sources du livre en tant que bel objet.
Les éditions collectors, illustrées, en format relié – même pour des genres comme le young adult – témoignent de cette envie de posséder un objet tangible, beau et durable. Des titres qu'on aurait vus en poche il y a dix ans ressortent aujourd'hui en hardback, un format pourtant plus typique du marché anglo-saxon.
Les réseaux sociaux n'y sont pas étrangers. Avec Booktok et Bookstagram, montrer sa bibliothèque est devenu courant. Les beaux livres s'exposent autant qu'ils se lisent.

# Déterminer les attributs du produit

Créer un livre, c'est bien plus que produire un texte : c'est concevoir une expérience complète. Du format au papier, chaque détail compte et influe sur le succès. Un bon produit éditorial ne se limite pas à un bon manuscrit : il doit séduire visuellement et répondre aux attentes de sa cible. Chaque élément – du titre aux finitions – façonne la perception globale du livre.

**FICHE PRATIQUE**

## Questions pour un produit cohérent

Pour élaborer un produit éditorial pertinent, il est essentiel de se poser en amont les bonnes questions, à savoir.

***Quelle est la cible ou les cibles ? Quelles sont ses attentes ?***

Un contenu captivant, informatif, ou divertissant ? Une expérience immersive ou éducative ?

***Quels attributs sont indispensables au produit ?***

Une œuvre doit répondre aux attentes du lectorat, autant sur le contenu (histoire, personnages, style) que sur la forme (praticité, esthétisme, innovation).

***Dans quel contexte sera-t-il consommé ?***

Cette lecture se fera-t-elle dans le cadre d'une détente, d'un contexte d'apprentissage, ou de divertissement ?

***Comment doit-il se présenter ?***

Formats brochés, poches, reliés, numériques, audiobooks, éditions collectors, etc.

***Qu'est-ce qui permettra de le différencier des autres produits concurrents ?***

Son originalité par rapport aux concurrents, que ce soit par le fond ou la forme, ou par sa qualité par exemple, etc.

↓

***Quel est le coût de fabrication maximal possible ?***
***Quels budgets disponibles pour la création du produit ?***

Il faut considérer la production, la diffusion, le marketing et les marges. Cette réflexion contribue aussi à l'étude du prix et aide à déterminer ce qui est concrètement réalisable ou non.
Par exemple, pour un jeu de tarot, l'éditeur peut envisager d'ajouter des dorures sur les cartes, mais tout dépend du budget alloué entre autres à sa fabrication. Si les coûts s'avèrent trop élevés, il pourrait faire des ajustements (retirer la dorure, choisir des matériaux moins onéreux ou encore faire produire à l'étranger, là où la main-d'œuvre et l'impression sont moins coûteuses).
A contrario, s'il souhaite les garder il pourrait choisir d'augmenter le prix de vente ou encore le tirage. La maison d'édition va donc prendre une décision sur la forme du produit en fonction de tous ces éléments combinés à sa volonté éditoriale et en prenant en compte sa cible. Pour cela, elle va analyser le coût de revient du produit lui-même.
À l'inverse, si elle veut conserver ces finitions, elle peut augmenter le prix de vente ou imprimer un plus grand tirage pour mieux répartir les coûts.
Tout repose sur l'analyse du **coût de revient**, c'est-à-dire le prix réel de fabrication par exemplaire, incluant les matériaux, l'impression et toutes les autres dépenses et enveloppes alloués à sa publication. Ce calcul guide l'éditeur – en plus de sa volonté éditoriale et en fonction de la cible du produit – dans ses choix afin d'équilibrer qualité, prix et rentabilité.

Les réponses à ces questions permettront de faire évoluer le produit pour trouver sa ou ses formes les plus adaptées. Les attributs du produit déterminent sa valeur perçue sur le marché, d'où l'importance d'y accorder une attention particulière.

## LES AXES DE DIFFÉRENCIATION DU PRODUIT EN ÉDITION

La différenciation, c'est ce qui donne au livre sa place et le démarque, que ce soit en rayon – et au milieu de milliers d'autres titres – ou dans l'esprit des lecteurs. Elle passe autant par le fond – à savoir l'œuvre en elle-même – que par la forme (le packaging du produit).

C'est cette différenciation qui va orienter l'ensemble du reste du marketing mix : tout découle des décisions prises au niveau du produit, qui doit bénéficier d'un positionnement clair et d'une vraie stratégie de différenciation.

En édition, il existe trois grands axes stratégiques de différenciation autour desquels s'articulent les politiques produit[1].

## L'innovation technologique ou la réinvention du livre

L'innovation technologique consiste à intégrer de nouvelles technologies pour enrichir l'expérience de lecture, faciliter la diffusion ou capter un public plus jeune et connecté. C'est grâce à cet axe que le produit se différenciera sur le marché et par rapport aux autres concurrents.

L'innovation technologique peut aussi être un très beau complément pour enrichir l'expérience de lecture et son contenu. L'objectif est de créer des produits qui vont au-delà de l'objet-livre traditionnel.

Les ouvrages scolaires, de bien-être ou d'ésotérisme intègrent ainsi souvent des QR codes pour ajouter des contenus : comptines, méditations, playlists d'auteurs ou vidéos de démonstration.

À titre d'exemple, en avril 2022, les éditions québécoises Alto ont lancé *Clairvoyantes*, un oracle littéraire combinant illustrations, textes et une application permettant de tirer et lire des cartes en ligne. Une version d'essai gratuite est proposée sur le site, avec une version payante à 4,99 dollars. Ce produit allie livre et expérience interactive. L'éditeur a aussi théâtralisé son lancement avec une grande tente de voyance au Salon du livre de Montréal. Le projet a été Lauréat prix Numix 2023 dans la catégorie « web et jeu, production web, culturel » et lauréat prix Bronze au concours Idéa 2023.

Enfin, l'innovation technologique peut attirer une nouvelle génération de lecteurs. En effet, un produit basé sur la technologie a plus de chances de séduire un lectorat jeune. Il s'agit qui plus est d'une stratégie intéressante pour augmenter la valeur perçue et enrichir le produit, ce qui permet de le rendre plus qualitatif et donc plus onéreux que la moyenne. Elle permet de faire vivre le livre autrement en vendant une expérience enrichie au-delà du texte.

1. Desaive S. et Poggioli N., *op. cit.*

# La supériorité du contenu ou miser sur l'excellence

## L'incarnation du luxe dans l'édition

Dans d'autres industries comme la haute couture ou l'horlogerie, l'excellence est associée au luxe. Dans l'édition, cette stratégie s'applique aussi :

- sur l'objet-livre : finitions soignées, éditions limitées ;
- sur la fabrication : papier haut de gamme, dorures, embossages, jaspages ; livres reliés à la main ;
- sur le contenu : œuvres littéraires incarnant un prestige culturel, classiques ou littérature « élitiste ».

La collection « Blanche » de Gallimard en est un cas intéressant car elle détient une aura autour de son contenu dans l'édition française. Avec sa charte sobre (fond crème, police et cadre rouges), elle mise sur le contenu pour en valoriser sa qualité littéraire. Symbole d'élitisme, elle est devenue une marque de prestige, au point de donner son nom à un type d'ouvrage, la « littérature blanche ». Gallimard met en avant ses auteurs et son impressionnant palmarès de prix littéraires, notamment avec les bandeaux rouges, affirmant ainsi son positionnement d'excellence.

## La mise en avant d'une qualité ou de l'expertise

L'excellence est également la mise en avant d'une expertise rare et pointue en non-fiction. De plus en plus, des influenceurs et infopreneurs publient leurs propres livres, proposant des concepts adaptés à leurs spécialités.

C'est par exemple le cas de Major Mouvement, kinésithérapeute au style décontracté et connu pour ses bretelles, qui s'est imposé sur les réseaux avec des conseils médicaux de qualité. Avec plus de 1,42 million d'abonnés sur YouTube et près d'1 million sur Instagram, il publie depuis trois ans des guides annuels chez Marabout, sur des sujets comme la lutte contre les douleurs, devenus des bestsellers. Ces ouvrages, d'une grande qualité, incluent des schémas, des photos d'exercices, et des encarts pour dynamiser le contenu, fruit d'un travail minutieux de l'auteur et de l'éditeur. Un exemple réussi de supériorité qualitative en livres pratiques tout en étant pédagogiques et accessibles.

Cette stratégie fonctionne particulièrement bien avec des passionnés prêts à investir dans des éditions luxueuses, dans le contenu d'experts reconnus ou dans d'autres produits de qualité. Une haute valeur perçue permet un P de prix élevé dans le marketing mix, justifié par la qualité.

### La spécialisation ou le règne sur la littérature de niche

La spécialisation repose sur la création de collections ou de titres destinés à un public bien précis pour répondre à des attentes spécifiques, avec des produits très ciblés et ainsi exister là où peu sont présents.

On parle ici souvent de livres ultra-segmentés, de romans explorant des thématiques très précises ou de collections destinées à un public spécifique.

La collection Tabou des Éditions de Mortagne illustre bien la spécialisation. Depuis quinze ans, elle propose aux adolescents et collectivités des romans sur des sujets sensibles tels que les addictions, la prostitution, le viol, les troubles psychologiques, etc. Avec une charte graphique forte et reconnaissable, cette collection nichée aborde des thèmes tabous et essentiels.

## CRÉER DES COLLECTIONS ET DES MARQUES ÉDITORIALES

Construire une collection, et donc une gamme de produits, c'est regrouper un ensemble de livres publiés sous une même ligne directrice. Elle est souvent définie par des critères thématiques, stylistiques ou formels et possède une identité visuelle reconnaissable (même maquette, typographie, logo, etc.). Les ouvrages sont ainsi regroupés autour d'une même collection ou label, car ils visent la même cible marketing, ont le même positionnement ou répondent à ces différentes thématiques. Cela instaure une signature reconnaissable qui fidélise le lectorat. Si un livre attire l'œil, une collection multiplie visibilité et présence en rayon, devenant identifiable au premier regard – pour le lecteur mais aussi pour le libraire – tout en renforçant l'idée de marque. Une collection est une promesse : elle rassure le lecteur sur le contenu et facilite l'identification en points de vente grâce à une esthétique signature.

De ce fait, l'instauration d'une charte graphique est essentielle. Comme n'importe quelle marque, les éditeurs définissent des codes visuels (logo, couleurs, typographies) pour donner une identité forte et reconnaissable à leurs collections. Ces choix reflètent à la fois les goûts du lectorat, les intentions de l'éditeur et le type de rayon concerné, créant une convergence cohérente.

À titre d'exemple, la charte graphique d'Actes Sud, notamment avec ses polars noirs et la série *Millénium*, a marqué les esprits par sa force visuelle. Ce design, d'abord lié à cette saga bestseller, est devenu une référence, inspirant l'identité des thrillers nordiques de l'éditeur.

Notons toutefois que les chartes graphiques évoluent avec le temps. Les éditeurs doivent les moderniser pour rester compétitifs et répondre aux attentes des lecteurs. Par exemple, en 2024 Dunod a entièrement revu la présentation graphique de sa collection « Les 5 clés » créée dix ans plus tôt : nouveau format, nouvelle maquette intérieure en bichromie, nouveau principe graphique en couverture. De même, les Editions Pika ont annoncé en 2024 une nouvelle charte graphique pour leur collection Shôjo, une décision motivée par le retour des différents lecteurs au fil du temps et le besoin de moderniser (et de se démarquer ?) leur collection dans l'offre mangas plus qu'abondante en magasins. L'objectif étant d'alléger la charte graphique existante et d'offrir des couvertures et des produits plus esthétiques : « En bref, plus de cartouche colorée, plus de vague colorée et plus de sous-collections mais des shôjo tous regroupés au sein de la même collection Pika Shôjo qui auront chacun une maquette inspirée de leur identité graphique et scénaristique, adaptée à chaque série. » Ce renouveau est souvent une belle occasion de communiquer avec le public comme ce fut le cas ici.

Un rechartage peut aussi être motivé par la nécessité d'améliorer un logo ou une charte graphique peu claire pour le lectorat. Une identité forte et un nom mémorable sont essentiels pour fidéliser lecteurs et libraires. Un exemple est le rechartage du logo &H, comme l'explique Chloé Boronad, directrice marketing d'Harper Collins.

## AVIS EXPERTE

***Chloé Boronad**, directrice marketing chez Harper Collins*

### POURQUOI AVOIR REVU VOTRE IDENTITÉ D'EDITEUR AVEC &H ?

L'identité d'un éditeur doit être visible, lisible et facilement retenue par les lecteurs mais aussi les libraires. Il faut soigner son guide de marque et son graphisme.

Nous nous sommes rendu compte que notre logo n'était pas forcément bien lisible. Nous avons même réalisé une étude avec notre partenaire Babelio, qui a confirmé qu'il y avait un problème de mémorisation du logo et qu'il fallait agir car les lectrices avaient de fait du mal à nous reconnaître et à nous mémoriser. Nous avons donc retravaillé le logo pour vraiment séparer l'esperluette et le H, pour aider à la prononciation.

Il est important de traduire graphiquement ses intentions et valeurs de marque. C'est tout un storytelling autour de ce que représente l'esperluette parce que, pour nous, ce n'était pas un choix anodin : c'est vraiment ce rôle de connexion entre un éditeur, ses auteurs et ses lecteurs. Avec cette refonte, nous voulions que l'esperluette joue véritablement ce rôle de lien et renforcer notre identité éditoriale distincte, notamment pour montrer qu'&H n'est pas juste une collection d'Harlequin, mais une maison à part entière.

# L'INNOVATION DES GENRES LITTÉRAIRES

Innover en édition, ce n'est pas simplement publier une nouvelle histoire ou lancer une collection. Un produit éditorial ne se limite pas à un livre, il peut aussi être un genre littéraire, parfois créé de toutes pièces. L'enjeu est de développer des étiquettes claires qui parlent au lecteur, répondent à ses attentes et s'inscrivent dans une logique de marché bien définie. Il s'agit de façonner une identité forte, une catégorie reconnaissable qui s'aligne avec les besoins et les désirs du public.

Créer un genre, c'est créer donc aussi créer une catégorie de produits. Par exemple, quand un éditeur décide de vendre du young adult (YA) et pas juste « un roman pour ados », il ne s'adresse pas simplement à une tranche d'âge, il parle à une communauté. Ce type de genre devient un label, une garantie, qui oriente immédiatement le lecteur.

Plusieurs raisons peuvent pousser les éditeurs à créer et faire émerger ces types de catégories marketing, en voici quelques exemples.

## La littérature young adult ou comment créer un genre et un phénomène littéraire

La littérature jeune adulte est un exemple fascinant d'innovation marketing. Ce genre porte directement le nom de sa cible initiale ! Il regroupe tous les genres littéraires, souvent ceux sous-représentés en librairie traditionnelle, comme l'imaginaire, la romance et leurs sous-catégories, ainsi que le roman graphique. Un fourre-tout bien pratique en somme.

Le point commun de ces ouvrages ? Ils ciblent une audience entre adolescence et âge adulte. Cependant, cette catégorie reste floue. Le nom, habilement choisi, flatte les adolescents qui se sentent adultes et les adultes qui se perçoivent plus jeunes.

La volonté au départ était de cibler un public entre 15 et 18 ans, mais la cible a été au final largement transcendée avec des lecteurs de tout âge. Selon une étude de 2024 de Farshore et HarperCollins : 74 % des lecteurs de romans young adult ont plus de 18 ans[1].

Les héros, souvent des héroïnes, ont généralement 17 ans, avec des préoccupations propres à leur âge, bien que cela évolue. La quête identitaire reste la thématique centrale, favorisant identification et connexion émotionnelle avec le lecteur. Ces histoires abordent des problématiques universelles qui résonnent autant chez les adolescents que chez les adultes.

La littérature YA est devenue l'un des segments les plus vendeurs au monde, portée par des adaptations comme *Twilight* ou *Hunger Games*. En 2017, elle représentait 71,5 millions d'euros sur le marché français[2]. Aujourd'hui, des auteurs francophones émergent, comme Sarah Rivens, dont la série *Captive* a vendu 700 000 exemplaires en décembre 2023[3].

### *Le new adult : la suite logique qui répond à un besoin du lectorat*

Face au succès du young adult et à la demande pour des thématiques plus matures et des contenus graphiques avec une dimension sexuelle marquée, les éditeurs ont créé le new adult. Ce segment met en scène des héros dans la vingtaine, explorant les débuts de la vie active et une sexualité assumée, comme en témoigne le succès de *After* d'Anna Todd[4]. Le marketing n'intervient donc pas seulement dans la création totale de catégories mais également dans le « repackaging » de certains genres littéraires pour les rendre plus actuels et s'adresser de la bonne manière à une cible bien spécifique.

1. « The Farshore and HarperCollins Children's Books annual review of Children's Reading for Pleasure », 2024.

2. Grenon A., « La littérature Young adult en France : quand le marketing s'empare du processus éditorial. Comment les diverses maisons d'édition concernées s'approprient-elles ce phénomène », *Sciences de l'information et de la communication*, 2017.

3. Gabinari P., « Sarah Rivens : ce n'est pas parce que je suis publiée que je vais abandonner ma communauté », *Livres Hebdo*, 15 décembre 2023.

4. Bonnstädter J., « New Adult. Le guide ultime du genre littéraire », *Audible*, 1er juin 2022.

## Le cas de la dystopie YA ou comment rendre la science-fiction tendance pour les jeunes

Prenons la dystopie : sous-genre de la science-fiction, longtemps perçue par les jeunes comme « has been » et complexe, elle a été repositionnée dans les années 2010 comme un phénomène tendance pour séduire les ados et jeunes adultes.

Avec des récits accessibles, des héroïnes rebelles et des enjeux personnels, la dystopie a élargi les frontières de la SF. Des succès comme *Hunger Games, Divergente* ou *Le Labyrinthe* ont donné l'impression de nouveauté, bien qu'ils s'inscrivent dans la lignée de classiques comme *1984* ou *Fahrenheit 451*. C'est un exemple de réinvention d'un genre, adapté aux codes narratifs et visuels recherchés par les jeunes.

Et derrière, tout a été pensé comme un produit avec au départ des codes bien précis :

- des couvertures minimalistes avec des symboles (qui peuvent être repris comme des logos et des marques à part entière) ;
- des grands formats brochés adaptés;
- un marketing fort, axé sur la survie, la rébellion ou l'écologie.

La dystopie est devenue bien plus qu'un genre : une marque fédératrice et un produit porté par des communautés en librairie et sur les réseaux sociaux.

## La bit-lit ou comment contourner et palier à une absence d'offre et de rayon spécifiques

L'innovation éditoriale ne sert pas uniquement à capter un public, mais aussi à répondre à des contraintes du marché. La bit-lit, née dans les années 2008-2010 avec *Twilight* et *True Blood*, en est un parfait exemple. Ce « genre » marketing regroupe deux sous-genres : la fantasy urbaine et la romance paranormale, tous deux centrés sur des créatures fantastiques comme les vampires et les loups-garous.

En France, l'absence de rayon dédié à la romance et la mauvaise perception de ce genre par les libraires posaient problème. Les éditeurs ont donc créé la catégorie bit-lit pour repositionner ces œuvres dans le rayon imaginaire. Cela a permis de leur offrir une meilleure visibilité, d'élargir leur lectorat et de contourner les freins liés à la segmentation des points de vente.

Cette innovation montre comment le marketing peut transformer un frein BtoB en opportunité, en rendant accessibles des œuvres qui auraient autrement manqué leur public.

## Le cas de la new romance ou quand le produit devient une marque à part entière

Parfois, des noms de collections ou le marketing d'un éditeur dépasse son cadre et s'étend au-delà d'une signature pour devenir une véritable marque. C'est le cas de la new romance, marque déposée, qui s'est imposée dans les rayons comme l'explique Arthur De Saint Vincent, directeur général des éditions Hugo & Cie.

### AVIS D'EXPERT

***Arthur De Saint Vincent**, directeur général des éditions Hugo & Cie*

#### QUELLE EST LA DEFINITION DE LA NEW ROMANCE ?

La new romance, ce sont des histoires d'amour, écrites pour des femmes, par des femmes qui sont généralement connectées, jeunes, qui intègrent toutes les valeurs type Gen Z ou des générations connectées, et dont les histoires traitent de problématiques contemporaines. Là où auparavant les histoires d'amour étaient basées un peu sur des clichés assez simples, aujourd'hui, la new romance traite des problématiques contemporaines graves, parfois traitées de manière très documentée, développées sur des centaines de pages. Si l'histoire d'amour est toujours présente au sein de l'ouvrage, il y a ces thématiques qui sont traitées, plus seulement relayées au second plan.

Au-delà de marketer ces genres littéraires, ces derniers deviennent de véritables leviers de communication avec une appropriation du lectorat, des hashtags, etc. Ces catégories deviennent des bannières sous lesquelles se rassemble un lectorat entier.

D'un point de vue produit, ces genres adoptent des codes spécifiques – formats, couvertures, reliures – qui deviennent des arguments de vente, comme pour la dystopie et ses symboles graphiques repris en adaptations, etc. En créant ces genres ou sous-genres, l'éditeur offre des repères clairs dans une offre massive, facilitant et contournant certains freins dans le choix des lecteurs. Ces innovations redessinent l'offre éditoriale et montrent que le livre est pensé pour séduire un public en constante évolution.

En définitive, le livre est un produit complexe, pensé pour se démarquer sur un marché concurrentiel. Il ne se limite jamais à son texte. De la couverture au format, en passant par le genre, la collection et l'identité graphique, chaque attribut façonne son positionnement et son attractivité. Chaque choix stratégique influence également directement les autres aspects du marketing mix, notamment le prix.

# CHAPITRE 13

# Le P de prix : le juste prix ?

## Points clés

- **Fixer le prix d'un livre n'est jamais anodin.** C'est un acte stratégique qui équilibre rentabilité, compétitivité et perception du lecteur. Chaque prix reflète la position d'un livre sur le marché autant que la valeur qu'il incarne.
- **Trois piliers guident la fixation des prix** : le coût de production, la concurrence et les attentes du lecteur.
- **Différentes stratégies de prix** permettent à l'éditeur de se positionner efficacement et de répondre aux dynamiques du marché.
- **Les lois et régulations encadrent les prix et structurent les pratiques commerciales**, tout comme les tabelles à l'export qui influencent directement la tarification à l'international.

Dans l'édition, le prix est bien plus qu'un simple chiffre : c'est un levier stratégique essentiel. Il influence la perception du livre, la rentabilité et la dynamique du marché. Un prix trop bas peut évoquer une qualité moindre ; un prix trop élevé, une exclusivité premium ou un frein à l'achat.

Fixer le bon tarif relève d'un équilibre subtil, intégré dans une stratégie globale. Le prix peut positionner une œuvre, renforcer une image de marque, élargir ou restreindre l'audience, selon les objectifs de l'éditeur.

# FIXER LE PRIX D'UN LIVRE

## Une prérogative de l'éditeur

Fixer le prix d'un livre relève de la responsabilité de l'éditeur. Dans les marchés à prix fixe, l'éditeur détermine un prix définitif qui doit être respecté par tous les revendeurs. En revanche, sur des marchés à prix libre, l'éditeur propose un prix de vente conseillé, qui sert de base pour la rémunération des différents acteurs de la chaîne du livre. Si un détaillant choisit d'appliquer un prix spécifique, il le fait généralement en ajustant sa propre marge. Cette distinction est donc essentielle pour comprendre comment le prix est géré selon les cadres légaux du marché.

Dans tous les cas, c'est l'éditeur qui détermine le prix de départ, car c'est sur lui que reposent la stratégie tarifaire et le positionnement du livre. Cela dit, le distributeur peut être un précieux conseiller pour donner son avis sur le prix proposé, notamment pour s'assurer qu'il est cohérent avec le marché et maximiser les chances de succès commercial.

## Les trois principaux critères de la fixation de prix

Les critères de départ pour fixer un prix dépendent de son lectorat, de ses propres investissements et du marché. On va analyser :

- Le prix acceptable par le lecteur :
    - dépend du pouvoir d'achat et de la valeur perçue du livre ;

- peut varier en fonction de la valeur perçue et des habitudes de consommation (combien ma cible est prête à payer pour ce produit ?) ;
- des éléments comme le type d'ouvrage, la notoriété de l'auteur et le segment visé jouent un rôle clé.

- Le coût de production et la rentabilité :
  - inclut tous les investissements directs et indirects nécessaires à la création du livre ;
  - le prix doit couvrir ces coûts et intégrer une marge suffisante pour garantir la viabilité.

- Le positionnement face à la concurrence :
  - le prix moyen du marché – et des concurrents – dans le segment visé sert de repère ;
  - rester compétitif tout en valorisant son produit[1].

# Calculer sa marge et sa rentabilité

L'objectif dans le business est de s'assurer que chaque exemplaire vendu soit rentable et donc qu'il couvre les investissements et les frais de sa production (tous les frais qui ont contribué à sa création). Pour cela, on utilise le calcul de la marge comme indicateur clé pour estimer sa rentabilité et ses bénéfices. Ces calculs nous aident à faire des simulations de prix.

***Tableau 13.1*** – *Rentabilité : calcul de la marge*

| ÉLÉMENT | FORMULE | EXEMPLE |
|---|---|---|
| Prix de vente de l'ouvrage | Fixé par l'éditeur ou l'auteur | 20 € |
| Coûts de production (CP) | Ensemble des dépenses pour fabrication et promotion | 10 € |
| Marge brute unitaire | Prix – Coûts de production | 20 € – 10 € = 10 € |
| Marge brute (%) | (Marge brute ÷ Prix) × 100 | (12 € ÷ 20 €) × 100 = 50 % |

1. Kotler P. et Armstrong G., *op. cit.*

## Les comptes d'exploitation prévisionnels, outil clé

Un compte d'exploitation prévisionnel (CEP) est une simulation de rentabilité réalisée avant le lancement d'un projet (titre ou série). Présenté sous forme de tableau, il recense toutes les dépenses prévues (droits d'auteur, frais d'édition, frais de fabrication, de promotion, de distribution, etc.) et les revenus estimés (ventes par format, produits dérivés, droits d'adaptation, etc.). Son objectif est double : évaluer la rentabilité du projet et déterminer les prix et volumes de vente nécessaires pour couvrir les investissements tout en générant des bénéfices.

Cet outil-clé guide les décisions stratégiques : publier ou non un auteur, ajuster un tirage, fixer un prix ou encore réduire certains coûts (comme les effets d'embellissement sur la couverture) pour atteindre la marge souhaitée. Les maisons d'édition, souvent très attachées à la notion de marge, utilisent le compte d'exploitation prévisionnel pour s'assurer que les projets couvrent non seulement leurs coûts directs, mais aussi les frais fixes et structurels (salaires, locaux, etc.) indispensables à leur fonctionnement.

# LES STRATÉGIES DE PRIX BASÉES SUR LE PRIX MOYEN DU MARCHÉ

Trois grandes stratégies de prix ont pour base le prix moyen du marché. La stratégie choisie (plus chère, sur la moyenne, moins chère) reflète une intention précise en termes de positionnement et d'accessibilité.

## La politique d'écrémage ou la carte premium

L'écrémage consiste à vendre un produit à un prix élevé dès sa sortie, en misant sur sa valeur perçue et son caractère exceptionnel. Le lectorat cible est prêt à mettre le prix pour ce qu'il considère être un produit haut de gamme, rare ou innovant. Le prix se situe bien au-dessus du prix moyen du marché et de ceux du segment en question.

Dans l'édition, on le voit particulièrement avec le segment des beaux livres, les éditions collectors ou les éditions reliées. Les lecteurs ne paient pas seulement un livre, ils paient une expérience, un statut, un objet de prestige.

Taschen, référence en beau livre, illustre parfaitement la stratégie du livre-objet de collection. L'ouvrage *Sumo* de Helmut Newton, tiré à 10 000 exemplaires numérotés et signés, est vendu à 25 000 dollars américains.

## La politique de pénétration de marché : casser les prix

À l'opposé, on retrouve la politique de pénétration, qui consiste à fixer un prix inférieur au prix moyen du segment afin de rendre le produit plus accessible. L'objectif est de capter un maximum de lecteurs pour maximiser les ventes.

À titre d'exemple, les ebooks à 0,99 sont devenus une véritable stratégie de pénétration de marché dans l'édition numérique. Cette politique de prix ultra-bas permet de capter rapidement l'attention des lecteurs, souvent dans le cadre de promotions éclair ou lors du lancement de nouveaux auteurs.

C'est une stratégie particulièrement utilisée dans le *mass market*, que ce soit avec les romans de grande diffusion, les formats poche et les promotions spéciales.

Attention cependant : ce type de stratégie affecte la valeur perçue du produit en pouvant donner une impression de « bas de gamme » et de non qualitatif. Il faut donc en user avec précaution.

**CAS D'ÉDITION**

### *Librio ou le livre à 2 euros : un positionnement bas prix mais pas au rabais*

Lancé en 1994, Librio propose des livres à bas prix (10 francs, puis 2 euros) avec une idée forte : rendre la culture accessible sans sacrifier la qualité. En s'appuyant sur des œuvres du domaine public (grands classiques) et des auteurs à succès comme Stephen King, Librio évite l'écueil du low-cost malgré un prix bas. Une identité visuelle forte et la crédibilité des éditions Flammarion ont renforcé la perception qualitative de la collection, séduisant libraires et lecteurs.

Librio prouve qu'un prix bas peut rimer avec succès commercial et culturel, en combinant choix éditoriaux pertinents et stratégie de marque solide. Fixer un prix bas ne signifie donc pas toujours dévaloriser un produit !

# La politique d'alignement ou être dans la norme

L'alignement, stratégie la plus courante et la moins risquée, consiste à se positionner sur le prix moyen du marché. Cette approche sécuritaire permet de rester compétitif tout en maintenant une cohérence avec les autres titres. Elle rassure le lecteur mais ne distingue pas l'offre par le prix, limitant ainsi son impact différenciateur dans le marketing mix.

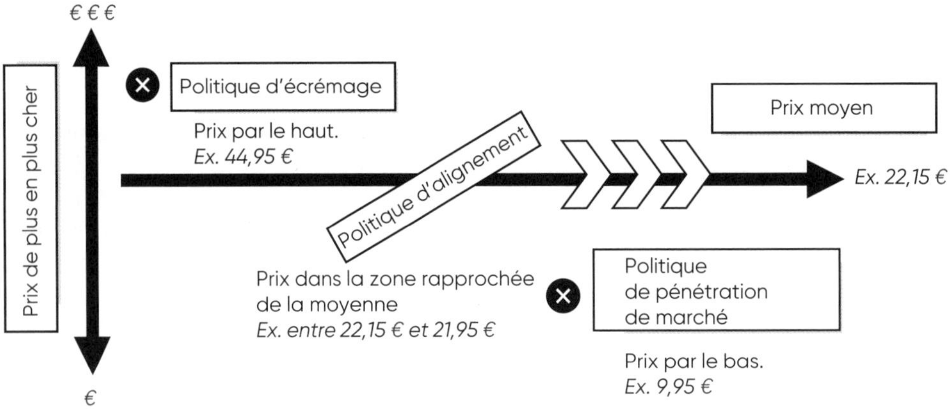


**Figure 13.1** – *Les trois principales politiques de prix en fonction du prix moyen*

Ces trois stratégies ne sont pas figées. Un éditeur peut très bien commencer par une politique de pénétration (prix bas pour attirer), puis basculer vers de l'écrémage en proposant des éditions collectors une fois que l'œuvre est devenue un succès. L'important est de rester cohérent avec le produit et son public.

Fixer un prix n'est pas seulement une stratégie pour couvrir ses coûts, cela permet de positionner son livre de manière stratégique sur le marché, en jouant sur la perception et les attentes des lecteurs.

Il existe d'autres stratégies de fixation de prix à connaître qui ne sont pas fondées sur le prix moyen.

# LES AUTRES STRATÉGIES DE FIXATION DE PRIX

Bien que la fixation d'un prix puisse s'appuyer sur la concurrence, il existe aussi des approches qui jouent sur des leviers plus subtils comme la psychologie du lectorat, les tendances du marché, la conjoncture, etc. Ces méthodes permettent d'adapter le prix non seulement à la valeur du produit, mais aussi aux attentes du public et aux opportunités du moment dépendamment des objectifs de l'éditeur. En étant ajustables, elles rendent la politique de prix plus agile.

## Le prix par la valeur perçue : pourquoi un livre cher attire et vend plus ?

Le prix d'un livre dépasse largement la question de ses coûts de production. Il repose sur sa valeur perçue : l'image de qualité, de rareté ou d'exclusivité qu'il transmet. Inspirée de l'industrie du luxe, cette approche montre qu'un prix élevé peut devenir un argument de vente en lui-même. Elle rejoint d'ailleurs la stratégie d'écrémage mentionnée ci-avant.

En effet, un lectorat en quête de rareté et de distinction attend un produit haut de gamme, en harmonie avec ses attentes. Ici, le prix n'est pas seulement une question de rentabilité, il reflète la valeur perçue du livre. Un ouvrage accessible à tous perd son caractère exclusif, tandis qu'un livre en édition limitée ou reliée, avec un prix premium, devient une affirmation de goût et un objet de distinction pour son propriétaire. Le prix devient alors une question d'image. Un produit trop abordable perd son attrait, car il ne correspond plus aux aspirations du lecteur recherchant du rare et du qualitatif.

Par ailleurs, la perception du prix repose sur des mécanismes psychologiques profonds :

- ce qui est cher est perçu comme meilleur donc de meilleure qualité ;
- le luxe et la rareté valorisent le lecteur autant que le produit (et l'éditeur) ;
- un prix élevé rend l'objet plus désirable ;
- fixer un prix élevé améliore la notion d'expérience, l'objet-livre est transcendé et devient davantage un produit de luxe et d'art que de lecture.

Pour autant, cette stratégie demande de la prudence. Un prix excessif sans justification peut créer un sentiment de tromperie et endommager la relation avec le lectorat. À l'inverse, un prix trop bas peut réduire la crédibilité et dévaloriser le produit. Surtout, dans le cadre de cette stratégie, le produit et sa qualité intrinsèque doivent suivre et justifier son prix[1].

## La stratégie de prix différencié

Le prix d'un livre n'est pas figé : il peut évoluer selon la clientèle, le canal de distribution ou même la période. Cette flexibilité est cruciale pour maximiser la durée de vie d'une œuvre et atteindre différents publics avec des attentes et des budgets variés.

Nous l'avons vu, un même livre peut exister sous plusieurs formes – grand format, poche, édition limitée – et chaque version porte un prix adapté à son public cible.

Les prix varient aussi en fonction des canaux : librairies indépendantes avec des éditions enrichies, grandes enseignes proposant des contenus exclusifs, etc. Cette stratégie permet de répondre aux attentes des lecteurs tout en valorisant chaque édition et point de vente. Par ailleurs, au Québec, n'étant pas soumises au prix fixe, les grandes surfaces appliquent souvent des rabais significatifs (– 15 % à – 35 %) sur les grands formats, influençant directement le prix.

Un prix modulé, cohérent avec les attentes du public et le positionnement du produit, garantit que chaque version d'un livre trouve sa place sur le marché, sans compromettre sa rentabilité ni sa valeur perçue.

## Le prix psychologique ou la perception du juste prix

Fixer un prix n'est pas seulement une question de chiffres, c'est une affaire de perception. Le prix psychologique correspond à ce point où le lecteur juge le produit accessible tout en reflétant une qualité suffisante pour justifier l'achat. Trop bas, un livre semble peu qualitatif ; trop haut, il doit offrir une expérience ou des finitions qui en valent le coup.

1. Chevalier M. et Mazzalovo G., *Management et Marketing du luxe*, Dunod, 4e édition, 2021.

Un prix comme 19,99 euros paraît bien plus abordable que 20 euros nets. Ce centime en moins joue sur un biais cognitif puissant : le cerveau arrondit à l'unité inférieure, renforçant l'attractivité du produit. Ces ajustements subtils influencent directement la perception du livre et le comportement d'achat[1].

Les prix promotionnels stimulent quant à eux les ventes à des moments clés de la vie commerciale d'un ouvrage, en jouant sur l'urgence ou la rareté. Ils permettent de recruter de nouveaux lecteurs tout en boostant la visibilité d'un titre ou d'une série.

On retrouve traditionnellement plusieurs types de promotions dans l'édition.

- Prix de lancement : réduire par exemple le prix du tome 1 d'une série incite les lecteurs à découvrir l'univers et à investir ensuite dans la suite au tarif normal ou à découvrir un auteur prolifique pour générer une fidélité à ce dernier.
- Offres limitées et thématiques : promotions liées à des événements (Saint-Valentin, été, anniversaire de l'éditeur, etc.) ou des campagnes ciblées.
- Ouvrages gratuits notamment des novellas offertes ou « 3 pour 2 » : une gratuité ciblée attire l'attention sur un catalogue ou un auteur tout en augmentant les écoulements. Cela est notamment courant en numérique sur des novellas ou des tomes 1.
- Précommandes avec bonus : les précommandes enrichies de goodies, chapitres inédits ou autres avantages ajoutent une valeur perçue plus haute par rapport au prix proposé. Elles justifient l'achat anticipé tout en renforçant l'engagement du lecteur.

# Le yield management ou prix modulé par la demande

Dans l'édition papier, la modulation des prix est rare, notamment à cause des lois sur le prix fixe (comme en France). Cependant, elle reste possible, par exemple dans la vente directe.

En numérique, cette stratégie est plus facile à appliquer. Les prix peuvent être ajustés en temps réel en fonction des périodes clés (vacances, salons, fêtes). Une pratique courante qui peut s'en rapprocher consiste à baisser temporairement

1. Kapferer J.-N., *The Luxury Strategy*, Kogan Page, 2012.

un ebook à 0,99 euro pour accroître sa visibilité et le faire remonter dans les classements, avant de rétablir son tarif initial pour maximiser sa visibilité et le relancer.

# LE CADRE LÉGAL ET RÉGLEMENTAIRE DU PRIX DU LIVRE

L'édition, comme nous l'avons déjà abordé précédemment, est un secteur spécifique où le prix est strictement encadré par la loi dans certains pays. Cette particularité influence profondément les stratégies des éditeurs, des distributeurs et des libraires. Elle impacte directement la perception de la valeur du livre, la diversité éditoriale et la survie des petites structures.

Au-delà des contraintes imposées, ces régulations offrent des marges de manœuvre intéressantes. L'éditeur doit ainsi jongler entre respect des règles et créativité pour optimiser la commercialisation de ses titres.

## Le prix unique du livre en France (loi Lang)

Depuis 1981, la loi Lang impose un prix unique du livre fixé par l'éditeur. Un rabais de – 5 % seulement est autorisé. Cette législation permet de garantir une certaine égalité entre les points de vente, qu'il s'agisse d'une petite librairie indépendante ou d'un géant comme Amazon.

En réalité, la concurrence dans l'édition dépasse le simple prix. Elle se joue sur le choix des éditions (nouvelles versions, rééditions, formats spécifiques), les promotions (3 pour 2, opérations à primes) et les autres éléments du marketing mix, comme la communication et le produit.

Les promotions, telles que le modèle « 3 pour 2 », nécessitent souvent l'impression d'ouvrages gratuits avec des ISBN spécifiques, ce qui implique une avance de trésorerie importante. Ces opérations permettent aux éditeurs de remettre en avant leurs catalogues à travers des sélections adaptées aux différents points de vente ou enseignes.

Notons toutefois que, contrairement au livre papier, le livre numérique échappe à la loi Lang et à son principe de prix unique, ce qui transforme profondément le marché. Les éditeurs et auteurs indépendants peuvent ajuster leurs prix en temps réel, offrant des baisses ponctuelles, des promotions flash ou des lancements à prix réduit pour accroître la visibilité des titres.

Cette flexibilité favorise une concurrence intense où le prix devient un levier central, avec de nombreux ebooks affichés à 0,99 euro ou 2,99 euros sur des plateformes comme Amazon ou Kobo. Si ces stratégies boostent les ventes et attirent une large audience, elles accentuent également la guerre des prix. De plus, les promotions répétées influencent aussi la perception des lecteurs numériques, dont une partie s'habitue à attendre des offres pour acheter.

## La loi 51 au Québec : un modèle différent

Le Québec possède son propre système encadrant le prix du livre, mais avec des nuances majeures par rapport à la France. La loi 51 distingue les ventes publiques (prix libre) des ventes aux collectivités (prix fixe).

Les ventes au public, dites au détail, permettent à chaque point de vente de fixer ses prix librement. Les libraires indépendants, avec leurs marges serrées, ont moins de latitude pour appliquer des rabais comparables à ceux des grandes surfaces. Cette flexibilité favorise néanmoins des stratégies commerciales plus agressives qu'en France, où le marché voit davantage de promotions axées sur des prix réduits ou des offres spéciales.

Au Québec, les libraires agréés ont l'exclusivité des ventes aux collectivités (sauf exception type édition scolaire), comme les bibliothèques et les écoles, mais doivent respecter le prix fixé par l'éditeur. Ce marché, crucial pour leur survie, représente une part importante de leurs revenus. Pour se démarquer, ces libraires offrent des services spécialisés, aménagent des salles de montre pour accueillir leurs clients, des livraisons, afin de consolider leur position face à la concurrence.

# LES PRIX À L'EXPORTATION : LE FONCTIONNEMENT DES TABELLES

La tabelle est un coefficient multiplicateur appliqué au prix d'un livre lorsqu'il traverse une frontière. Ce calcul prend en compte le taux de change, les coûts logistiques (transport, douanes) et les marges des diffuseurs et des distributeurs locaux, tout en intégrant une adaptation au marché cible.

Un exemple concret est l'exportation France-Québec : un livre vendu 20 euros en France coûtera entre 34 et 40 dollars canadiens (CAD), bien au-delà du simple taux de change (1,35 à 1,40). Ce surcoût est dû à l'addition des frais liés à l'exportation.

## La fixation du prix d'un éditeur sur un autre marché

Dans le cadre des livres importés et d'un contrat de diffusion à l'export classique, ce n'est pas l'éditeur français qui fixe le prix final en dollars. Dans la grande majorité des cas, l'éditeur cède les droits de commercialisation à un diffuseur québécois, qui détermine le prix en tenant compte des coûts et des marges locales. L'éditeur, quant à lui, est rémunéré sur la base de son prix initial en euros, sans que le tarif affiché à l'étranger n'influence sa marge. La tabelle et donc le prix en devise étrangère sont dans ce cas presque décidés par le diffuseur, qui applique un coefficient pour couvrir les frais et s'adapter au marché local.

## Un impact réel sur le marché et les ventes

Les tabelles et les politiques de prix à l'export influencent profondément le marché du livre et sont parfois sources de tensions. Au Québec, une étude de l'Adelf (2021) montre que les 500 bestsellers importés coûtent en moyenne 1,58 dollar (+9,8 %) de plus qu'en France, une différence liée aux frais de transport, taxes et marges des distributeurs.

En Suisse, l'enseigne Payot a déposé une plainte en 2024 contre le groupe Madrigall, dénonçant des pratiques tarifaires jugées abusives[1]. Avant même

1. Gary R., « Suisse : Gallimard condamné pour pratiques tarifaires abusives », *ActuaLitté*, 24 novembre 2024.

son abolition, 70 auteurs belges s'étaient mobilisés dès 2015 pour dénoncer ces pratiques, mettant en avant leur impact direct sur l'accessibilité des livres et la diversité du marché.

Ces exemples montrent que la tabelle va bien au-delà d'une conversion monétaire : elle soulève des enjeux complexes autour de la chaîne du livre, de sa rentabilité et des relations entre éditeurs, diffuseurs et libraires.

## L'encadrement légal des tabelles

Les législateurs interviennent pour limiter les abus liés aux tabelles. Au Québec, la loi 51 impose un coefficient maximal. En Suisse, la Commission de la concurrence (Comco) a condamné en 2024 le groupe Madrigall pour pratiques tarifaires jugées abusives.

Ces encadrements reflètent une volonté claire de protéger les acteurs locaux du livre tout en maintenant une diversité éditoriale accessible aux lecteurs. Ils rappellent aussi que, même dans un secteur culturel, la fixation des prix est un levier stratégique étroitement surveillé par les autorités.

En conclusion, fixer un prix en édition, c'est jongler avec des réalités multiples. Entre la perception du lecteur, les contraintes économiques et la concurrence, chaque décision résonne bien au-delà de l'étiquette collée sur la couverture.

Cependant, si le prix est un levier crucial, il ne fonctionne jamais seul. Un bon prix sans une bonne distribution, c'est un produit invisible. La valeur d'un livre, aussi bien pensée soit-elle, ne prendra réellement vie que s'il est là où il doit être : entre les mains du bon lecteur, au bon endroit.

# CHAPITRE 14

# Le P de points de vente : les circuits de distribution

## Points clés

- **Le point de vente est un levier puissant qui façonne autant la perception du livre en BtoB et BtoC que ses ventes réelles.** Il est primordial de mettre en place une stratégie équilibrée, adaptée à chaque ouvrage et éditeur, qui tire parti de la complémentarité entre les différents réseaux de vente et canaux de distribution.
- **Les canaux de distribution (direct, court, long) définissent la relation** entre l'éditeur, les différents points de vente et les lecteurs.
- **L'évolution vers des stratégies multicanales et omnicanales est désormais essentielle** avec l'émergence de l'e-commerce et des formats numériques.
- **Construire un parcours de distribution cohérent** permet de toucher le bon lectorat tout en renforçant la marque éditoriale.
- **La distribution n'est pas seulement un outil pour envoyer des ouvrages** dans les bons points de vente, elle influence directement la perception d'un livre.
- **Chaque point de vente, du libraire indépendant à la grande distribution, a une image différente** et donne une qualité perçue différente du produit.

Le P de points de vente dans le marketing mix dépasse largement la mise en rayon ou la mécanique logistique. Là où un livre est vendu, la manière dont il est présenté et les partenaires avec lesquels on le commercialise font également partie de son histoire.

Ce chapitre ne revient pas sur les bases de la distribution ou des acteurs de la chaîne du livre, déjà explorées dans la partie 1. Ici, l'objectif est de montrer comment elle devient un levier stratégique pour positionner un livre, le différencier et renforcer sa communication.

Chaque canal de vente reflète une intention et façonne la perception du produit. La distribution n'est donc pas seulement une étape pour rejoindre le lecteur : c'est un outil puissant qui influence l'identité et le succès d'un ouvrage.

## DÉFINITION ET RÔLE DES CANAUX DE DISTRIBUTION

Selon Kotler, la distribution est la capacité à livrer le bon produit, au bon endroit, au bon moment[1]. L'objectif est de répondre aux attentes d'un lectorat précis tout en optimisant la présence du livre sur le marché. Le choix du canal reflète l'identité de l'éditeur et la position qu'il veut occuper dans l'esprit des lecteurs et sur le marché.

Comme le souligne Benedetti S. D *dans Marketing de l'art et de la culture*[2], les canaux de distribution jouent un rôle d'image. Être présent en librairie indépendante ou en grande surface ne transmet pas le même message : les éditeurs y proposent des ouvrages différents pour des consommateurs aux attentes distinctes.

La distribution désigne l'ensemble des opérations permettant d'acheminer un livre du producteur au lecteur. La stratégie consiste à choisir le canal le plus pertinent pour mettre l'ouvrage entre les mains de sa cible, dans les meilleures conditions possibles.

1. Kotler P. et Armstrong G., *op. cit.*

2. Benedetti S. D., *Marketing de l'art et de la culture*, Dunod, 2024.

Traditionnellement, trois types de canaux sont distingués : direct, court et long. Chaque canal possède ses avantages, ses contraintes et sa logique propre, adaptés à des besoins et objectifs spécifiques.

Bien que l'édition repose sur des modèles traditionnels, les innovations technologiques et les nouveaux formats ont fait évoluer les canaux de distribution, redéfinissant les points de vente et remettant en question les logiques classiques.

## Canal direct : une relation sans intermédiaire

Le canal direct connecte directement l'éditeur ou l'auteur au lecteur, sans intermédiaire (BtoC). C'est un modèle privilégié pour sa proximité et ses marges élevées, mais il demande une gestion complète de la logistique, des ventes et de la communication. Exemples : ventes en salon, sur site web ou en direct aux collectivités.

Ce canal favorise donc une connexion forte et privilégiée avec le lecteur, permettant de s'affranchir de certains intermédiaires comme les éditeurs ou les diffuseurs. Cependant, cela implique une charge de travail conséquente et tout repose opérationnellement sur l'auteur ou l'éditeur.

## Canal court : un accès simplifié au marché

Le canal court implique un seul intermédiaire, comme un détaillant ou une plateforme numérique (BtoBtoC). Il combine visibilité et simplification logistique, mais réduit les marges et implique une perte partielle de contrôle. Exemples : autoédition sur Amazon ou vente à des librairies locales.

Ce canal offre donc une certaine souplesse et accélère l'accès au marché. Il permet de trouver un équilibre entre contrôle et visibilité, mais cela se fait parfois au détriment de la gestion de l'image et des aspects commerciaux. L'intermédiaire, même unique, peut influencer la perception du produit.

**CAS D'ÉDITION**

*Autoédition : vente directe ou canal court ?*

On pourrait facilement penser que la vente en autoédition est toujours une vente directe (c'est d'ailleurs le discours sur ce type d'édition en général). Pourtant, ce n'est techniquement pas toujours juste. Lorsqu'un auteur autoédité passe par un revendeur numérique comme Amazon, Kobo ou Apple Books, il s'agit en réalité d'un canal court car il y a un intermédiaire (le revendeur) entre l'auteur et le lecteur. En revanche, s'il vend à son lecteur via une boutique personnelle en ligne ou un salon du livre, il s'agit bel et bien d'une vente directe sans intermédiaire.

## Canal long : le modèle traditionnel

Le canal long inclut plusieurs intermédiaires (diffuseurs, distributeurs, détaillants) pour une large couverture du marché. Idéal pour des ventes massives, il dilue les marges et réduit le contrôle sur l'image et la stratégie. Exemples : chaîne du livre classique, exportation internationale, etc.

Ce type de canal déploie donc une force de frappe importante grâce à l'implication de multiples acteurs puissants. Il garantit une large couverture de marché mais, en contrepartie, dilue le contrôle de l'éditeur sur son image et ses choix.

Notons que l'essor des livres numériques et de l'e-commerce a transformé les dynamiques de distribution, renforçant l'importance des canaux directs et courts. Ces évolutions offrent des opportunités inédites aux auteurs indépendants et de nouveaux leviers stratégiques aux maisons d'édition traditionnelles.

## Choisir le canal le plus pertinent

Le défi principal est de définir une stratégie adaptée, en choisissant les canaux en fonction de la taille de sa structure, de la nature des ouvrages et des ambitions commerciales. Ce choix ne relève pas uniquement de la logistique : il touche aussi au positionnement et à l'image de marque.

Les intermédiaires jouent un rôle clé, car leur réputation influe sur celle de l'éditeur, impactant à la fois la perception des lecteurs et les performances commerciales.

***Tableau 14.1*** – *Schéma récapitulatif des canaux de distribution appliqués à l'édition*

| CANAL DIRECT | CANAL COURT | CANAL LONG |
|---|---|---|
| 0 intermédiaire | 1 intermédiaire | X intermédiaires |
| - Vente en salon du livre, directement par l'auteur ou l'éditeur<br>- Site web de l'éditeur ou autoédité avec une boutique intégrée<br>- Faire de la vente directe en ayant sa propre force de vente | - L'éditeur via le site web de l'auteur<br>- Via le stand de son distributeur en salon<br>- Auteur via Kobo publishing ou éditeurs primo-numériques | - Circuit classique de diffusion/distribution<br>- Distribution à l'export<br>- Titre autoédité imprimé à la demande et envoyé en librairie par Amazon ou distributeur traditionnel |

## *Multicanal et omnicanal, stratégies incontournables*

Distribuer un livre ne consiste plus à choisir un circuit unique, mais à construire un parcours multicanal combinant points de vente physiques, e-commerce et diffusion numérique, aussi bien pour les formats physiques que numériques.

Un modèle multicanal permet d'accroître la visibilité et de maximiser les ventes en exploitant divers formats et points de vente. Cependant, l'omnicanal va plus loin en offrant une expérience fluide et connectée : un lecteur peut commencer sa lecture sur papier, poursuivre en audio et accéder à du contenu exclusif en ligne.

Pour rappel, chaque canal cible un lectorat spécifique et s'adapte aux nouvelles habitudes de consommation.

Cette stratégie unifiée crée un véritable écosystème éditorial autour du lecteur, renforçant fidélité et positionnement. Aujourd'hui, l'omnicanal n'est plus une option : c'est un levier incontournable pour répondre aux attentes du marché et développer des opportunités nouvelles.

# STRATÉGIES DE VENTE ET DE DISTRIBUTION : ADAPTER SES CIRCUITS À SON POSITIONNEMENT

Chaque point de vente cible un lectorat différent, et c'est précisément cet alignement entre le produit et son réseau de distribution qui permet de renforcer la cohérence de l'image de marque d'un éditeur. Au-delà des ventes immédiates, ce choix engage votre marque éditoriale : un produit mal placé, dans un environnement qui ne correspond pas à sa nature ou à son lectorat cible, risque non seulement de faire un flop, mais aussi de brouiller l'image de l'éditeur.

En effet, certains réseaux de distribution véhiculent une image plus ou moins qualitative, et dans un domaine comme l'édition – où l'aura d'un livre est étroitement liée à son point de vente – c'est un paramètre clé à garder à l'esprit.

Le cœur d'un parcours de distribution est la complémentarité entre les différents circuits exactement comme pour les différents formats d'une œuvre afin de rendre le produit le plus accessible possible à la bonne cible.

Construire son parcours, c'est aligner plusieurs canaux en fonction des critères suivants.

***Tableau 14.2*** *– Critères pour l'alignement des différents canaux*

| CRITÈRES | EXEMPLES |
|---|---|
| Produit | Un ouvrage collector très onéreux se vendra dans des points de vente spécialisés |
| Lectorat cible | Un bestseller grand public aura une forte présence numérique mais aussi en grande distribution, etc. |
| Stratégie | Proposer une exclusivité en circuit direct – tout comme des goodies – pour toucher un certain public tout en diffusant le produit via un canal long pour en toucher un autre |
| Image de marque de l'éditeur | Choisir des réseaux de vente en accord avec l'image de marque que l'éditeur souhaite construire |

***Tableau 14.3*** – *Exemple de l'alignement entre les différents critères et positionnement des produits dans les points de vente*

| TYPE D'OUVRAGE | CIBLE | STRATÉGIE DE DISTRIBUTION |
|---|---|---|
| Bestseller grand public | Large audience, lecteurs occasionnels, objectif mass market | Présence en grande distribution, e-commerce et opérations massives, présence 360 degrés |
| Édition collector ou premium | Passionnés, collectionneurs | Diffusion sélective en librairies indépendantes, exclusivités (Fnac, boutiques en ligne de l'éditeur) ou ventes directes |
| Ouvrage de niche ou spécialisé | Public ciblé type en fonction du segment (ésotérisme, romance, imaginaire, etc.) | Points de vente spécialisés : librairies dédiées, partenariats spécifiques, exomarchés spécialisés |
| Ebook ou audiobook | Lecteurs connectés, gros lecteurs | Distribution numérique via plateformes comme Amazon, Kobo ou Audible |

# STRATÉGIES DE DIFFÉRENCIATION VIA LA DISTRIBUTION : UNE NÉCESSITÉ

## La stratégie de la rareté

Dans l'édition, la rareté est une stratégie puissante pour amplifier la perception de valeur et susciter l'urgence chez les libraires et les lecteurs. L'une de ses applications les plus connues est la rupture volontaire avant l'office, qui consiste à limiter consciemment le nombre d'exemplaires mis en place par rapport au potentiel réel ou estimé.

En annonçant rapidement une rupture de stock suivie d'une réimpression, l'éditeur crée une dynamique positive :

- les libraires réclament des exemplaires supplémentaires, renforçant l'idée d'un livre incontournable ;
- les lecteurs se précipitent pour ne pas manquer un produit perçu comme rare ;

- l'auteur et l'éditeur peuvent communiquer fièrement sur le succès de l'ouvrage dès sa sortie.

Durant l'attente de réimpression, les exemplaires disponibles sont attribués de manière stratégique : priorité aux points de vente les plus performants ou alignés sur l'image recherchée. Ce choix joue un rôle clé dans la perception globale du succès.

Si elle est mal maîtrisée, la rareté peut devenir contre-productive. Des ruptures prolongées ou fréquentes risquent d'agacer les points de vente – qui y voient un manque à gagner – et de frustrer les lecteurs. À l'international, où les stocks sont parfois limités dès le départ, cette stratégie peut également créer des tensions sur des marchés export.

Bien que couramment utilisée, cette mécanique reste officieuse : l'éditeur ne reconnaît jamais publiquement avoir volontairement sous-tiré. Elle doit être utilisée avec discernement pour éviter de nuire à la relation avec les partenaires commerciaux ou de freiner les ventes sur le long terme.

Les éditions exclusives à certains points de vente avec des goodies et des contenus additionnels inédits comme certaines éditions Fnac jouent aussi sur ce principe et au-delà même sur un principe d'exclusivité. Il faut cependant manier cette stratégie avec précaution pour éviter de froisser les autres points de vente.

## La différenciation via la distribution

Certaines maisons misent sur des circuits spécialisés pour capter l'attention et répondre aux attentes d'un lectorat précis. Des points de vente spécialisés émergent de plus en plus pour certains types d'ouvrages en fiction via certains genres littéraires et en non-fiction pour des niches spécifiques.

De plus en plus de grandes surfaces tentent également de mettre en avant certains phénomènes en proposant des tables et thématiques dédiées. Le choix du diffuseur ou du distributeur est aussi un levier stratégique. Certains se spécialisent dans des genres ou des types d'ouvrages spécifiques, apportant leur expertise et leur réseau adapté. Si l'offre est ciblée, spécifique ou nichée, à travers des choix de distribution spécialisés, les éditeurs trouvent ainsi des façons de sortir du lot et d'ancrer leur marque dans des circuits.

**CAS D'ÉDITION**

### *Le rôle du diffuseur dans la stratégie de distribution de l'éditeur*

Choisir un diffuseur, ce n'est pas juste déléguer la vente d'un livre, c'est définir les circuits de distribution et les points de vente qui façonneront la présence d'un ouvrage sur le marché. Le diffuseur, au cœur du P de points de vente, joue un rôle clé dans l'élaboration de la stratégie commerciale d'un éditeur dans l'édition traditionnelle.

Chaque diffuseur dispose de ses propres réseaux : librairies, grande distribution ou plateformes numériques. Il ne se contente pas de placer des livres, mais choisit les leviers adaptés pour toucher le bon public. Il peut aussi avoir des spécialités en fonction du type d'éditeur, du type d'ouvrage qu'il représente et donc de facto des contacts et clients spécifiques en fonction.

Même si le circuit direct (vente en ligne sur un site d'éditeur, salons) échappe à son champ d'action, son expertise dans les circuits courts et longs est cruciale. La négociation avec les points de vente, le lien avec les clients, la visibilité en rayon ou encore les mises en avant promotionnelles font parties intégrantes de ses missions.

L'éditeur et son diffuseur doivent être en dialogue constant. L'analyse des ventes, le suivi des objectifs de mise en place et les ajustements en fonction des retours terrain sont des piliers du succès commercial d'un livre. Un bon diffuseur est avant tout un partenaire stratégique, capable d'ajuster la stratégie de distribution pour maximiser la présence du livre là où il aura le plus d'impact.

## La différenciation par le budget investi et la négociation : le trade marketing

La différenciation de la distribution passe au-delà les choix des points de vente, et via également des budgets parfois investis de manière ciblée ainsi que via des négociations commerciales qui vont permettre de faire ressortir le produit des autres offres présentes chez le détaillant. Ces éléments permettent en effet d'assurer une présence visible physique ou même numérique qui aide à différencier les produits et les faire ressortir.

Dans cette optique, les discussions entre maisons d'édition, diffuseurs et points de vente sont un travail de fond souvent invisible, mais essentiel pour faire ressortir une offre au milieu d'un marché saturé. Ces négociations permettent à un produit, une collection ou un éditeur de se démarquer, que ce soit pour une promotion, une campagne ou une simple mise en avant.

Concrètement, il s'agit de négocier :

- les mises en avant : sur des sites, dans des catalogues, dans les rayons ou dans les vitrines, etc. ;
- les emplacements stratégiques : linéaires, tables, bouts d'allée ;
- les volumes commandés : garantir des stocks suffisants en fonction des objectifs.

Dans ce cadre, la négociation commerciale consiste à discuter des conditions globales qui vont permettre aux livres d'être présents en quantité suffisante et en fonction des objectifs discutés avec l'éditeur et du potentiel.

Cela passe notamment par :

- des remises spéciales ;
- des conditions de retour allongés ;
- des délais de paiement étendus ;
- et via les remises de fin d'année (RFA) qui sont des paliers de remises supplémentaires débloqués par les libraires en fonction du nombre d'ouvrages commandés – et donc du chiffres d'affaires généré annuellement.

Ces accords posent les fondations essentielles sur comment l'enseigne va commander, stocker et gérer les retours.

Enfin, le *trade marketing*, ou « marketing de la distribution », transforme le point de vente en outil de promotion en mettant en scène les ouvrages. Investir dans des dispositifs comme la publicité sur lieux de vente (PLV), qui combine présentoirs et informations sur lieux de vente (ILV) (affiches, signalétiques), permet d'attirer l'œil du consommateur en magasin et de convertir efficacement en achat, boostant ainsi les ventes.

### CAS D'ÉDITION

## *La théâtralisation sur le lieu de vente*

La théâtralisation sur le lieu de vente consiste à transformer un espace commercial en un environnement captivant qui raconte une histoire autour du produit, ici le livre. En jouant sur les éléments visuels, la mise en scène, et parfois l'interactivité, cette stratégie vise à capter l'attention, à susciter l'émotion et à encourager l'acte d'achat.

Kakémonos, totems, stops-piles, silhouettes ou présentoirs de comptoir : ces outils structurent l'espace pour le rendre visuellement attrayant et immerger le lecteur dans l'univers du livre. La PLV permet de mettre en avant des ouvrages phares, des collections ou des campagnes, tout en facilitant la prise de décision pour le consommateur.

- Impact sur les ventes : une PLV bien placée peut augmenter les ventes de 30 à 50 %.
- Défis : une grande partie des dispositifs finit inutilisée, faute de place ou d'adéquation avec les besoins des libraires[1].

Les éditeurs négocient des emplacements stratégiques pour installer ces outils : vitrines, têtes de gondole ou rayons centraux. Ces accords impliquent souvent des surremises ou des conditions commerciales avantageuses pour inciter les libraires à jouer le jeu.

Pour rester pertinente, la PLV évolue avec des écrans interactifs, des QR codes ou des dispositifs connectés, tout en intégrant des pratiques écoresponsables pour réduire son impact environnemental.

La théâtralisation, à travers la PLV et des mises en scène attractives, transforme le point de vente en véritable scène dédiée au livre. C'est un outil puissant pour attirer le regard, raconter une histoire et convertir l'intérêt en achat

1. Normand C., « À quoi sert la PLV ? », *Livres Hebdo*, 28 octobre 2014.

**FICHE PRATIQUE**

## Les erreurs à éviter dans sa stratégie de distribution

Construire une stratégie de distribution efficace nécessite de jongler avec la visibilité, la rentabilité et la perception de marque. Voici les erreurs les plus courantes à éviter.

### Saturation d'un seul canal

Se reposer uniquement sur un réseau, comme Amazon (via KDP ou autre), limite l'accès à d'autres segments de clientèles et nuit à l'image auprès des points de vente.

### Dépendance à un client unique

Un circuit dominant fragilise la stabilité commerciale et complique les négociations. Diversifier ses canaux est crucial.

### *Incohérence entre le produit, les points de vente & le lectorat visé*

Aligner point de vente et valeur perçue est essentiel : un produit haut de gamme ou rare n'a, par exemple, pas sa place en grande distribution.

### *Mauvaise communication avec ses diffuseurs/distributeurs*

Des relations tendues ou un manque d'écoute nuisent aux mises en place et aux ventes. Les représentants doivent être des alliés convaincus.

### *Ignorer les retours terrain*

Les tendances de consommation et le feedback des libraires et diffuseurs doivent guider les ajustements stratégiques.

### *Multiplier les circuits à l'aveugle sans stratégie*

Être partout sans plan précis dilue l'image et augmente les coûts. Mieux vaut cibler les canaux les plus pertinents.

En définitive, les stratégies de distribution et les liens – et négociations – avec les points de vente dans le marketing mix sont des leviers de positionnement et des vecteurs de vente et de communication. Construire une image cohérente et solide ainsi que de maximiser les ventes passent par le P de points de vente dans le marketing mix. Dans un marché saturé, se démarquer passe par la maîtrise de ces choix.

# CHAPITRE 15

# Le P de promotion : les modes traditionnels de promotion

## Points clés

- **Le marketing du livre s'appuie sur une diversité de leviers traditionnels et un éventail de stratégies éprouvées à travers le temps** : bouche-à-oreille, médias classiques (presse, radio, télévision), événements (lancements, dédicaces), publicité sur le produit (stickers, bandeaux) et reconnaissance par les prix littéraires ou les pairs.

- Si les **réseaux sociaux et BookTok jouent un rôle clé** aujourd'hui dans l'émergence de certains livres, **les médias traditionnels restent essentiels** pour certains segments et certains types d'ouvrages, notamment les ouvrages nécessitant une légitimité culturelle ou institutionnelle.

- **L'effet des médias traditionnels ne se limite pas à la visibilité** : il influe directement sur l'image du livre. Une couverture bien maîtrisée – comme un passage dans une émission littéraire de renom – peut marquer les esprits, attirer des lecteurs qui ne sont pas sur les réseaux sociaux, et même inciter les libraires à mettre en avant l'ouvrage.

Promouvoir un livre, c'est aligner les éléments du marketing mix pour créer l'envie et déclencher l'achat. Après avoir conçu un produit soigné, fixé un prix stratégique et choisi les bons circuits de distribution, vient le moment de le faire connaître : c'est le rôle du P de promotion.

Dans un marché saturé où des centaines de titres se disputent l'attention chaque semaine, être visible est indispensable. La promotion mobilise des outils variés : publicités, influence marketing, réseaux sociaux, prix littéraires ou opérations participatives. Chaque levier s'intègre dans une stratégie globale, en cohérence avec les autres P.

La promotion combine deux axes :

- communication : construire l'image de marque, fidéliser et tisser des liens sur le long terme ;
- promotion directe : provoquer une action immédiate, comme l'achat.

Les deux se complètent pour atteindre un objectif final commun : vendre, que ce soit par un impact immédiat ou une stratégie durable.

Ce chapitre explore les outils et stratégies traditionnels de la promotion, avant de détailler leurs évolutions dans les chapitres suivants.

# ÉVOLUTION DES CANAUX DE PROMOTION

## Au départ, le bouche-à-oreille : l'influence originelle

La promotion des livres n'a pas attendu l'ère numérique pour s'appuyer sur l'influence. Bien avant la publicité de masse, tout reposait sur le bouche-à-oreille. Dans les salons littéraires ou au sein des cercles d'érudits, l'opinion des nobles, des célébrités et des intellectuels façonnait les goûts et les tendances, bien avant que les réseaux sociaux ne démocratisent cette pratique.

Recommander un livre, c'est partager une émotion. Stéphane Debenedetti et Dominique Bourgeon-Renault[1] soulignent que la subjectivité des goûts rend la

1. Bourgeon-Renault D., Debenedetti S., *op. cit.*

communication littéraire particulièrement délicate. Les lecteurs, eux, restent instinctivement plus sensibles aux recommandations de leurs proches ou de personnalités qu'ils admirent, car une recommandation personnalisée a toujours plus de poids qu'une publicité impersonnelle.

Pour réduire l'incertitude liée à l'achat, il est essentiel d'offrir un avant-goût de l'expérience : extraits, lectures publiques ou bandes-annonces littéraires permettent de susciter l'envie. De même, les arguments affectifs et sensoriels, comme la beauté d'un livre relié, renforcent l'attrait d'un ouvrage, qu'il séduise ou non pleinement par son contenu.

## Le développement de la promotion traditionnelle via les médias

Avec l'industrialisation du livre et la surproduction d'offres, la publicité traditionnelle a ouvert de nouveaux horizons. Les affiches, la presse, la radio et la télévision ont permis aux éditeurs de toucher un public de masse, plaçant le livre au même niveau que tout produit de grande consommation.

Malgré l'omniprésence du numérique, les médias traditionnels restent un vecteur clé de validation culturelle et professionnelle. Télévision, radio et presse écrite conservent leur rôle de prescripteurs auprès de larges audiences, incarnant une forme d'autorité difficilement atteignable par le seul digital. Pour de nombreux auteurs, notamment issus des réseaux sociaux, accéder à ces médias marque une étape cruciale, à savoir une reconnaissance de leur travail et de leur expertise.

Publier un ouvrage permet de franchir une barrière symbolique, transformant par exemple une « personnalité d'Internet » en auteur sérieux, apte à être interrogé sur ses idées et sa créativité. À ce propos, Olivier Moreira, éditeur chez Michel Lafon Publishing, déclare : « Publier un livre, c'est un acte concret qui place l'auteur dans l'univers médiatique. Avant cela, l'intérêt autour de lui reste cantonné à son influence en ligne. Mais le jour où il devient auteur, il est perçu différemment : il a fait quelque chose de "sérieux", quelque chose de validé.[1] »

1. Olivier Moreira, lors de notre entrevue, janvier 2025.

Les médias traditionnels apportent ainsi une double valeur : ils confèrent une légitimité culturelle, renforçant la crédibilité de l'auteur, et élargissent son audience en touchant un public moins connecté au digital.

**CAS D'ÉDITION**

*Le livre, passeport médiatique ?*

Le livre agit comme un véritable passeport médiatique, un objet culturel qui dépasse les algorithmes du digital pour atteindre les sphères traditionnelles où le livre est souvent perçu comme le summum de l'expression intellectuelle ou créative. Pour les influenceurs, ce passeport est une opportunité de transformer leur notoriété numérique en reconnaissance institutionnelle. Publier un livre marque un tournant, une étape où leur expertise ou leur créativité est reconnue au-delà des cercles numériques. Cette transition leur permet non seulement de s'émanciper des contraintes des réseaux sociaux – comme les algorithmes et la volatilité des tendances – mais aussi d'être perçus comme des créateurs ayant une voix durable et légitime.

Cependant, ces outils coûteux étaient principalement accessibles aux grandes maisons d'édition et aux bestsellers. Les petites structures, elles, devaient s'appuyer sur la presse littéraire et les relations avec les libraires pour émerger à moindre coût.

# TYPOLOGIE DES PROMOTIONS DITES TRADITIONNELLES

Les médias traditionnels reposent sur trois piliers qui mêlent impact visuel et crédibilité pour séduire le lecteur dans des espaces de masse :

- des visuels percutants et des codes graphiques accrocheurs pour capter l'attention ;

- un aperçu du contenu avec des mots-clés et indications pour interpeller le bon lectorat ;
- des preuves sociales pour rassurer, comme des mentions de prix, citations, etc.

Cette combinaison permet de raconter une histoire autour du livre, tout en ciblant efficacement le bon lecteur. Cela doit cependant reposer sur des éléments simples et percutants pour que ce soit facilement assimiler par le consommateur cible.

Il existe différentes formes traditionnelles d'édition en fonction des différents lectorats visés, types de produits et budgets. Voici un tableau récapitulatif reprenant des exemples concrets dans l'édition ainsi que les avantages et limites des différentes formes de promotion vues dans ce chapitre.

***Tableau 15.1*** – *Récapitulatif des formes de promotion traditionnelles dans l'édition*

| TYPE DE PROMOTION TRADITIONNELLE | AVANTAGES | INCONVÉNIENTS |
|---|---|---|
| Achats d'espaces médiatiques | - Portée large et *mass market*<br>- Renforce l'image de la marque et de l'auteur<br>- Biais de répétition | - Très onéreux<br>- Seulement disponible aux grands éditeurs et pour les bestsellers (métro, etc.)<br>- Ciblage imprécis<br>- Résultats aléatoires |
| Recensions, articles via attachées de presse | - Crédibilité et image institutionnelle renforcées<br>- Sentiment de ne pas être de la publicité (joue plus sur la recommandation que sur la publicité) | - Nécessite des relations solides avec les médias<br>- Résultats incertains<br>- Coûts moindres que l'achat médiatique mais malgré tout un investissement (attaché de presse, etc.) |
| Évènementiel : salons, festival, dédicaces et événements littéraires | - Renforce le lien avec le lectorat<br>- Fidélisation à travers une expérience unique | - Investissement logistique et humain conséquent.<br>- ROI difficile à mesurer car retombées indirectes au-delà de l'aspect financier |
| Promotion par les pairs : prix littéraires | - Légitimité de l'offre<br>- Boost des ventes<br>- Puissant levier marketing | - Saturation des prix<br>- Impact variable |
| Promotion par les pairs : préface, blurbs & citations ; recommandations | Valorisation et crédibilité renforcées par des figures publiques (biais d'autorité) | Impact limité si les recommandations trop nombreuses ou pour des lectorats non fidélisés |

| TYPE DE PROMOTION TRADITIONNELLE | AVANTAGES | INCONVÉNIENTS |
|---|---|---|
| Publicité sur produits : bandeaux et stickers | - Visibilité rapide et claire<br>- Attrait immédiat sur le lieu de vente | - Multiplication excessive qui dilue l'impact et la visibilité<br>- Fragilité logistique (bandeaux)<br>- Risque d'abîmer la couverture (stickers) |
| Publicité sur produit (sur couverture via des blurbs, citations, etc.) | - Augmente l'attractivité<br>- Information immédiate au point de vente au-delà du lecteur | - Risque de surcharger visuellement le produit<br>- Doit respecter l'intégrité esthétique du livre |
| Publicité via produits : goodies et produits promotionnels | - Renforce l'effet de collection et de rareté<br>- Levier de fidélisation<br>- Différenciation dans un marché saturé. | - Coût de production élevé<br>- Impact écologique à prendre en compte<br>- Logistique parfois complexe |
| PLV et ILV | - Fais ressortir l'offre BtoB et BtoC<br>- Attire l'attention des acheteurs en magasin | - Gaspillage fréquent des supports<br>- Coût élevé de production et de mise en place<br>- Non écologique |

## Publicités et achats d'espaces médiatiques

La publicité traditionnelle repose avant tout sur l'achat d'espaces. Il s'agit de réserver et donc de payer une place dans un médium spécifique ou sur des supports physiques publics.

Les principaux canaux utilisés sont :

- les réseaux d'affichages extérieurs : métro, gares, bus, abribus, etc. ;
- les encarts dans la presse généraliste comme les journaux nationaux ou régionaux ;
- les encarts dans des magazines littéraires (*Livres Hebdo, Magazine Lire*, etc.) ;
- les spots à la radio et la télévision : émissions culturelles, radios grand public ou spécialisées (*France Culture, Europe 1, Rouge FM*, etc.).

Les placements dans ces médias à grande échelle sont extrêmement onéreux. Toutes les maisons d'édition n'ont pas les moyens d'occuper ces espaces, c'est donc une stratégie qui concerne les grands groupes d'édition et leurs bestsellers.

## Recensions, articles et attachées de presse

Si la publicité achetée reste un pilier, il existe une autre voie, plus subtile mais tout aussi efficace : la recension presse. Il s'agit ici de s'appuyer sur les critiques littéraires, les articles de fond de certains journaux ou magazines, mais aussi les interviews d'auteurs pour faire parler du livre. Contrairement aux annonces publicitaires, cette forme de promotion est moins directe mais fait souvent gagner en crédibilité.

L'attaché de presse joue ici un rôle clé. Ils contactent les journalistes et critiques littéraires, ses contacts, espérant décrocher un article ou une mention. Le processus repose souvent sur des relations de long terme entre l'éditeur et certains médias. Ses outils principaux sont le communiqué de presse, qui peut être envoyé seul, et le kit presse (un exemplaire de l'ouvrage et des cadeaux, souvent sur le thème de l'ouvrage).

**FICHE PRATIQUE**

### Comment faire un bon communiqué de presse ?

Le communiqué de presse est l'un des outils majeurs de l'attachée de presse. Il s'agit d'un document envoyé aux journalistes pour présenter une nouveauté ou un événement. Pour qu'il soit efficace, il doit capter l'attention rapidement et offrir toutes les informations essentielles sans surplus inutile.

- Un titre accrocheur : en quelques mots, il doit donner envie d'en savoir plus.
- Une accroche percutante dès les premières lignes : l'intérêt du livre doit apparaître clairement.
- Les informations techniques : ISBN, date de parution, prix, nombre de pages, format, genre littéraire, mots-clés, etc.

↓

- Le visuel de couverture en haute définition et une mise en page propre pour augmenter les chances d'attirer l'attention.
- Un résumé du livre et un argumentaire pour les journalistes, avec quelques points clés (en quoi votre livre peut faire la différence ?).
- La biographie de l'auteur.
- Des citations (optionnelles) d'auteurs, de critiques – comme d'autres journaux – ou des premiers lecteurs.

Si les médias traditionnels restent des leviers puissants, ils sont désormais complétés – voire remplacés – par des outils digitaux plus accessibles et interactifs, ouvrant de nouvelles perspectives pour les éditeurs.

## L'événementiel, une stratégie de proximité intemporelle

L'événementiel est sans doute l'une des plus anciennes formes de promotion littéraire. Avant même l'ère numérique et les campagnes massives de publicité, le livre trouvait déjà sa place dans les cercles sociaux : salons littéraires, discussions dans des salons de thé, regroupements autour d'un auteur.

Le livre a donc toujours été une affaire de partage et d'émotion, et cette dimension sociale continue de jouer un rôle fondamental dans les stratégies de promotion aujourd'hui. Ce besoin de proximité n'a pas changé. Les lecteurs veulent se sentir connectés aux auteurs, comprendre leurs démarches, discuter de leurs ouvrages, ressentir une certaine intimité en se sentant proches des créateurs. Pour certains types d'ouvrages ou genres littéraires, les lecteurs (et les auteurs) recherchent même une proximité avec la maison d'édition.

Il existe de multiples formats permettant de diversifier les approches pour capter l'attention du public, établir un contact direct avec les lecteurs et valoriser à la fois les œuvres, les auteurs et les maisons d'édition quand celles-ci sont impliquées.

### Les salons du livre et festivals

D'abord, les salons du livre et festivals dédiés. Les salons du livre généralistes sont des rendez-vous incontournables pour certaines maisons, tandis que les salons régionaux offrent souvent de belles opportunités pour les autoédités et auteurs indépendants. Enfin, il existe des salons et festivals spécialisés (type Japan Expo, Imaginales, etc.) qui constituent des leviers incontournables pour certaines niches littéraires. En plus d'être des espaces de vente de grandes fêtes pour amateurs et spécialistes, ils renforcent le lien émotionnel entre les lecteurs et les œuvres, et offrent une visibilité aux éditeurs, les positionnant au passage comme des passionnés et pas seulement des professionnels. Ces festivals spécialisés permettent donc aux éditeurs de se positionner de manière stratégique sur des marchés spécifiques.

**CAS D'ÉDITION**

### *Créer son propre évènement à grande échelle : le cas du Festival New Romance des Éditions Hugo & Cie*

***Un événement exclusif qui regroupe lecteurs et auteurs***

Depuis 2016, le Festival New Romance (FNR), organisé par les Éditions Hugo & Cie, réunit chaque année auteurs et lecteurs autour du genre littéraire du même nom. Inspiré des conventions de fans, il propose une expérience immersive mêlant rencontres, dédicaces, masterclass et soirées, renforçant ainsi les liens entre la communauté et ses autrices. En plus de fidéliser un lectorat passionné, le FNR est un modèle inédit dans l'édition : conçu et géré en interne, il génère un chiffre d'affaires additionnel significatif tout en valorisant l'image de la maison auprès des médias et des auteurs internationaux. Avec un rayonnement croissant, il s'impose comme un rendez-vous incontournable du genre.

## Les dédicaces, un classique qui répond aux besoins clés des lecteurs

Même face à l'essor des interactions numériques, les dédicaces en librairie ou en salon restent des moments privilégiés, renforçant le lien entre auteurs et lecteurs. Ces échanges permettent de repartir avec un livre signé, souvent accompagné d'une anecdote ou d'un moment unique partagé avec l'auteur.

De plus, dans le cadre de l'autoédition, certains auteurs organisent eux-mêmes des événements intimistes, tels que des salons dédiés, offrant des interactions directes et personnalisées.

Selon une étude Babelio de 2019, elles permettent de fidéliser les lecteurs, notamment en répondant à certains facteurs clés tels que l'admiration et l'affection, le dialogue privilégié, le souvenir et la personnalisation. Elles sont également un puissant levier pour l'acquisition de nouveaux lecteurs car ces événements sont, pour 55 % des hommes et 59 % des femmes ayant répondu à l'étude en question, un moyen de découvrir de nouveaux auteurs en leur ayant permis d'acheter au moins un livre d'un auteur inconnu avant l'événement.

Ainsi, les dédicaces jouent un rôle crucial, non seulement dans la fidélisation mais aussi dans l'acquisition de nouveaux lecteurs, tout en créant une expérience émotionnelle forte.

## Les soirées de lancement : tradition et réinvention

Les événements littéraires ne se limitent pas aux dédicaces ou salons. D'autres formats, plus ciblés, permettent d'atteindre des objectifs spécifiques, qu'ils soient commerciaux, institutionnels ou relationnels.

Ces événements, souvent organisés lors de la sortie d'un livre ou d'une collection, se déclinent en deux formats principaux.

- Lancement BtoB : destiné aux journalistes, libraires, diffuseurs ou influenceurs, ce format vise à renforcer l'image institutionnelle et à établir des relations professionnelles solides. Souvent coûteuses, ces soirées nécessitent une organisation rigoureuse pour garantir leur efficacité.
- Lancement BtoC : orienté vers les lecteurs, ce format privilégie la proximité grâce à des activités interactives (lectures publiques, animations, discussions). Plus accessibles, ces événements créent un lien direct entre l'auteur et son public.

> ***Exemple :*** *Une soirée de lancement interactive pour l'ouvrage* Les Furtifs *d'Alain Damasio*
>
> Certains événements redéfinissent les codes des événements littéraires. C'est le cas pour ce lancement organisé par les éditions La Volte le 24 avril 2019. Lectures musicales, concert live et découverte d'outils numériques et d'IA liés au roman ont transformé cet événement en une expérience unique. Plus qu'une promotion classique, ce format interactif illustre le potentiel des approches novatrices en édition.

L'événementiel est une stratégie de promotion précieuse, mais exigeante. Lorsqu'il est bien pensé et exécuté, il offre une opportunité unique de créer des expériences mémorables, de renforcer la fidélité des lecteurs et d'accroître la visibilité d'un auteur ou d'une maison d'édition. Ces moments permettent non seulement de renforcer les liens avec le lectorat, mais aussi de valoriser l'image de marque et d'instaurer une proximité humaine dans un univers de plus en plus digitalisé.

Cependant, l'événementiel demande un investissement logistique, humain et financier conséquent. Il ne garantit pas toujours un retour sur investissement immédiat et ses bénéfices sont souvent immatériels, comme la notoriété ou la fidélisation à long terme. Pour maximiser ses avantages et éviter les écueils, il doit être intégré dans une vision globale, avec des objectifs clairs et une évaluation précise des coûts et des retombées potentielles.

Un événement bien orchestré devient un levier puissant, mais son impact dépend de la stratégie qui l'entoure et de l'adéquation avec les attentes du public cible.

## La promotion par les pairs : le poids de la figure d'autorité

La promotion par les pairs est un levier puissant dans l'édition, mêlant tradition et modernité. Elle repose sur la mise en avant d'un ouvrage par des écrivains, critiques ou éditeurs influents, à travers des prix littéraires, préfaces ou citations (*blurbs*). Ce mécanisme, basé sur la validation par des figures d'autorité, reste central dans la stratégie de visibilité d'un livre.

### Les prix littéraires : des moteurs de ventes et de notoriété

Dans ce contexte, les prix littéraires jouent un rôle central dans l'écosystème du livre. Ils sont non seulement un vecteur de reconnaissance pour les auteurs, mais également un outil marketing stratégique pour les éditeurs. Chaque année, ce sont des milliers de prix littéraires qui sont décernés, avec des impacts tangibles sur les ventes et la perception des œuvres primées. Car au-delà de la reconnaissance, les prix littéraires, comme le Goncourt, boostent très clairement les ventes, bien que l'effet varie d'une année à l'autre. Entre 2019 et 2023, les lauréats ont écoulé en moyenne 577 000 exemplaires[1].

Selon une étude d'Ipsos réalisée en France en 2012[2], 74 % des lecteurs déclarent que l'obtention d'un prix littéraire influence leur décision d'achat, avec un effet particulièrement marqué pour les prix les plus prestigieux, comme le Goncourt ou le Renaudot. Au Québec, une étude récente d'octobre 2024 réalisée par la BTLF et HEC Montréal montre que les prix littéraires jouent un rôle déterminant pour les ventes locales, notamment dans les librairies indépendantes. Les chiffres sont parlants : un livre primé peut voir ses ventes augmenter de 30 % à 50 % dans les semaines suivant l'annonce.

En parallèle, les prix littéraires permettent d'inscrire un titre dans une légitimité culturelle. Profondément ancrés dans la tradition intellectuelle, ils incarnent depuis leur création une reconnaissance de l'excellence, aussi bien pour les lecteurs que pour les acteurs du livre comme les libraires, les collectivités, etc. Cette perception est accentuée en points de vente par l'utilisation des bandeaux sur les livres, mettant en avant les prix reçus.

En France, on compte aujourd'hui plus de 2 000 prix littéraires, comme le souligne un article du *Parisien*[3]. Cette multiplication s'explique par leur dimension commerciale et leur ouverture à un public plus large, mettant en lumière des genres ou des thématiques souvent laissés de côté par les médias traditionnels. Désormais, on retrouve :

- des prix attribués par la presse (prix Elle, prix Fémina, etc.) ;
- des distinctions spécifiques à certains genres littéraires (Imaginaire, Polar, etc.) ;
- des prix initiés par des points de vente, qu'ils soient physiques ou numériques (prix des Libraires, prix Fnac, etc.) ;
- des prix dédiés à l'autoédition (notamment KDP et Kobo) ;
- des prix décernés par les lecteurs (prix Babelio) ;
- des prix de maisons d'édition (Livre de Poche, Pocket, Charleston, etc.).

Les éditeurs, conscients du pouvoir de ces récompenses, ont élargi leur portée en créant des prix décernés par les lecteurs eux-mêmes. Ces distinctions,

1. Vulser N., « L'effet boule de neige du prix Goncourt sur les ventes », *Le Monde*, 4 novembre 2024.

2. « Prix littéraires : quels impacts sur le marché du livre ? », Ipsos, 2012.

3. Jaeglé Y., « Il n'y en a jamais trop, les bandeaux font vendre : pourquoi recense-t-on près de 2 000 prix littéraires ? », *Le Parisien*, 15 octobre 2023.

bien qu'initialement pensées pour le prestige et décernées par les pairs, sont désormais un levier de promotion incontournable et touche le grand public. Cette omniprésence sature le marché et limite l'impact.

**CAS D'ÉDITION**

### *L'élargissement du prix Goncourt à de nouvelles cibles*

Le prix Goncourt, souvent perçu comme élitiste et réservé à un cercle littéraire restreint, s'est ouvert à des publics plus divers ces dernières années.

En 1988, le Goncourt des Lycéens a été créé, permettant à des élèves de toute la France de désigner leur propre lauréat parmi les finalistes. Depuis 2019, l'Académie propose le Goncourt des détenus, un nouveau projet qui démocratise la littérature en leur permettant de lire les ouvrages sélectionnés et de voter pour leur lauréat. Cette initiative offre une opportunité unique de réinsertion à travers un engagement culturel valorisant.

Ces déclinaisons montrent une volonté d'élargir l'audience et de rendre la littérature plus accessible, en mettant en avant des voix souvent éloignées des cercles traditionnels. Au-delà de l'impact des titres sélectionnés, ces initiatives démontrent la volonté du Goncourt à moderniser son image[1].

## Les *blurbs* ou l'influence par l'éloge de figures publiques

> « *Je n'ai qu'un mot pour ce livre : magnifique.* »
> Stephen King, sur *City on Fire* de Don Winslow

Les *blurbs*, ces phrases d'éloge d'auteurs ou de médias reconnus, jouent sur le biais d'autorité pour susciter l'intérêt des lecteurs. Elles apparaissent sur les couvertures, bandeaux ou dans les publicités, renforçant la crédibilité d'un ouvrage. Toutefois, leur impact dépend de leur pertinence. Stephen King est par exemple un véritable maître dans l'art du *blurb*, ce qui peut perdre de son impact à la longue.

1. Voir la vidéo de la créatrice Jeannot se livre à ce sujet : « En prison pour le prix Goncourt des détenus (reportage) », *YouTube*, 21 décembre 2024.

### La préface, un levier marketing et un outil de promotion collaboratif

La préface ne se limite pas à introduire un livre ; elle peut aussi être un outil de promotion puissant en transformant son auteur et son œuvre en sujets d'actualité, tout en amplifiant leur portée grâce à l'image et à la notoriété de la personnalité qui la signe. Lorsqu'elle est signée par une personnalité influente, son auteur s'implique souvent, directement ou indirectement, dans la visibilité du livre. Son nom attire l'attention des médias traditionnels et des réseaux sociaux, offrant une vitrine supplémentaire à l'ouvrage.

Cependant, la notion de « pairs » dans l'édition évolue avec notamment un glissement vers de nouveaux prescripteurs. Les réseaux sociaux, et particulièrement des plateformes comme BookTok, redéfinissent cette dynamique. Les booktokeurs deviennent des influenceurs clés, capables de propulser des livres vers un large public en dehors des circuits traditionnels.

Cette transition montre que la promotion par les pairs ne se limite plus à une validation académique ou institutionnelle, mais s'étend désormais à des recommandations basées sur des affinités personnelles et une immédiateté numérique.

## La publicité sur et grâce aux produits

La promotion ne s'arrête pas aux campagnes extérieures ou aux opérations en librairie. Elle s'invite directement sur le produit lui-même. Le livre est un objet, mais aussi une vitrine en soi. Il doit capter l'attention dès la table des libraires ou l'étagère d'une grande surface.

### Le bandeau : un classique du marketing éditorial

Le bandeau, emblématique du marketing du livre, est un outil puissant pour attirer l'attention en librairie. Popularisé par le prix Goncourt au XXe siècle, il servait initialement à distinguer les lauréats. Aujourd'hui, il se décline en diverses couleurs et formats pour signaler prix littéraires, coups de cœur de libraires, *blurbs* d'auteurs ou ventes impressionnantes.

Le bandeau est un vecteur d'attractivité immédiate. Selon *France Culture*, les ventes d'un roman primé peuvent être multipliées par six grâce à cet ajout visuel, transformant un succès modéré en bestseller. Il rassure les lecteurs en associant le livre à une qualité perçue supérieure.

Toutefois, l'utilisation excessive des bandeaux en rayon, notamment en littérature de poche ou policière, dilue leur impact. Leur fragilité (facilement déchirable), combinée à une surabondance, peut provoquer une lassitude chez les libraires et les lecteurs.

Bien qu'efficaces, les bandeaux ne conviennent pas à tous les circuits de distribution. En grande surface, par exemple, ils risquent d'être arrachés ou abîmés, rendant leur manipulation délicate. Dans ces contextes, des alternatives comme les stickers peuvent s'avérer plus adaptés.

Pour rester pertinent, le bandeau doit être utilisé intelligemment, en ciblant les ouvrages qui bénéficieraient réellement d'un coup de projecteur. Il reste un élément incontournable de la promotion éditoriale, mais demande une réflexion stratégique et adaptée à son lectorat[1].

## Les stickers ou collants : petits mais puissants

Les stickers promotionnels, eux, ont un impact plus direct en mettant en avant une information clé, de manière concise, pour déclencher l'acte d'achat.

Contrairement aux bandeaux souvent associés à la qualité littéraire (prix, distinctions), les stickers relèvent davantage du domaine commercial et marketing. Ils mettent en avant des éléments populaires comme un buzz TikTok, un statut de bestseller ou une adaptation en série sur Netflix. Ces repères, rassurants pour les lecteurs, les orientent rapidement vers les succès du moment, renforçant ainsi l'attractivité du livre en rayon.

L'un des avantages est qu'ils peuvent être apposés après coup si une nouvelle information sort une fois le tirage imprimé ; les représentants et les libraires peuvent eux-mêmes les apposer dans leurs rayons. Il est plus discret que les bandeaux, tout en contournant les contraintes logistiques. Ils sont notamment particulièrement adaptés aux points de vente comme les hypermarchés où la manipulation des livres peut facilement abîmer les bandeaux.

Attention cependant, le sticker étant apposé directement sur la couverture, celui-ci rentre pleinement dans le produit et peut donc compromettre son intégrité. Il ne faut donc pas qu'il gâche l'objet-livre ou la couverture. Certains éditeurs ont notamment connu un bad buzz sur TikTok par des lectrices

1. Aïssaoui M., et Dargent F., « Le bandeau, meilleur ami du livre ? », *Le Figaro*, janvier 2010 ; Godon P., « Prix Goncourt : comment l'édition française sort ses livres en bandeaux organisés », *France Infos Culture*, novembre 2024 ; Sorbier M., « Prix littéraires : le bandeau rouge affole toujours les ventes », *France Culture*, octobre 2024.

contrariées d'avoir soit un sticker imprimé sur la couverture, soit un sticker qui avait laissé une trace sur leurs exemplaires.

> ***Conseil :*** *Stickers promotionnels : collants, mais pas trop*
>
> L'idéal est d'opter pour des stickers thermocollés, qui se décollent facilement après l'achat sans laisser de traces. Certains lecteurs ont exprimé leur mécontentement lorsqu'un sticker s'arrachait mal et abîmait la couverture du livre ou, pire, quand celui-ci est imprimé directement sur la couverture. Il ne faut pas oublier que l'objet-livre a une dimension esthétique et émotionnelle importante pour beaucoup de lecteurs.

## Les produits promotionnels, une stratégie gagnante

Offerts aux lecteurs sous des opérations commerciales ou en cadeau dans des salons et des événements, les goodies visent à inciter à l'achat et à fidéliser. Gratuits, ils créent un sentiment d'appartenance et renforcent la visibilité tout en jouant un rôle clé dans l'engagement et la communication éditoriale.

Selon l'étude Babelio « auteurs-lecteurs » de septembre 2019, les goodies rencontrent un réel succès, notamment auprès des femmes (90 % contre 73 % pour les hommes) et des jeunes lecteurs (97 % des 13-24 ans). Ces objets permettent ainsi de renforcer l'attachement à une œuvre, une collection ou même à une maison d'édition.

**CAS D'ÉDITION**

### *Les campagnes de précommandes, un atout marketing stratégique*

Devenues un outil incontournable, les campagnes de précommandes permettent aux éditeurs de dynamiser les ventes d'un ouvrage avant même sa sortie. En offrant des objets exclusifs comme des marque-pages, des ex-libris ou des tote bags, elles incitent les lecteurs à précommander. L'impact est triple :

- boost des ventes initiales : un volume solide dès la sortie, grâce aux précommandes notamment, propulse l'ouvrage dans les classements ;

- création de buzz : les lecteurs partagent leurs goodies sur les réseaux sociaux, augmentant la visibilité du livre ;
- différenciation : dans un marché saturé, ces campagnes permettent de démarquer un titre et de renforcer son attrait face à la concurrence.

Ce mécanisme s'impose ainsi comme une stratégie gagnante pour capter l'attention et fidéliser les lecteurs.

Pour les libraires, les goodies ne sont pas nécessairement des outils de vente directe mais plutôt des vecteurs d'image. Offrir des marque-pages, des stylos, des tote bags ou encore des calendriers aux libraires contribue à créer une relation positive avec ces partenaires essentiels. Ces objets, souvent utiles au quotidien, inscrivent subtilement l'image de l'éditeur dans l'esprit du libraire grâce à la répétition visuelle de son logo ou de son identité graphique.

Cependant, produire des goodies a un coût élevé et un impact écologique non négligeable. Aujourd'hui, il est crucial d'intégrer une démarche éco-responsable dans ce type de stratégie.

Qu'il s'agisse des médias classiques, des événements en points de vente, de la publicité ciblée ou de la mise en avant par des pairs, les stratégies traditionnelles de promotion restent des piliers essentiels pour façonner la perception d'un livre et en assurer la visibilité. Cependant, ces outils ne fonctionnent plus seuls. L'évolution des pratiques de consommation et l'essor du digital ont bouleversé les codes de la communication éditoriale. Aujourd'hui, les réseaux sociaux, les campagnes numériques et des plateformes comme BookTok s'imposent comme des alliés incontournables, réinventant les formes de prescription et d'engagement.

CHAPITRE 16

# Les nouveaux modes de promotion : digital, réseaux sociaux & co

## Points clés

- **La promotion du livre s'est démocratisée grâce à l'avènement du digital et des réseaux sociaux**, en offrant des outils accessibles, ciblés et réactifs qui ont transformé les stratégies traditionnelles et en favorisant l'engagement et la proximité avec les lecteurs.
- **Des phénomènes comme BookTok ou Bookstagram ont révolutionné la prescription littéraire** en misant sur l'émotion, la communauté et la viralité, faisant de certains lecteurs des influenceurs capables de propulser des titres vers un succès inattendu.
- **Le transmedia et le cross-média ont redessiné aussi les contours de la promotion** en permettant aux œuvres littéraires de s'étendre sur d'autres supports. Ils permettent d'élargir l'expérience immersive et de capitaliser sur les stratégies de promotion des films, des séries et des nouveaux médias en question.
- **Le crowdfunding et les plateformes comme Wattpad redéfinissent la découverte et la promotion des auteurs** en favorisant l'émergence de nouveaux talents et en mobilisant des communautés fidèles.
- **Les innovations** comme la réalité augmentée, les NFTs ou le métavers annoncent une nouvelle ère pour l'édition et sa promotion.

L'arrivée des réseaux sociaux et du marketing digital a révolutionné la promotion du livre en offrant un accès direct au lectorat et en redéfinissant les codes de la prescription. Désormais, influenceurs littéraires et lecteurs jouent un rôle central dans la découverte et la recommandation. Grâce aux outils numériques – publicités ciblées, campagnes interactives ou plateformes comme Wattpad et Amazon KDP – il est possible de toucher un public précis à moindre coût, avec une efficacité accrue grâce aux algorithmes.

Cette révolution s'aligne naturellement avec les formats numériques du livre et s'accompagne d'une montée en puissance de l'autoédition et des fanfictions. Les nouveaux médias placent la communauté et l'engagement au cœur de la stratégie, transformant la promotion en un dialogue direct et participatif.

# LA DÉMOCRATISATION DE LA PROMOTION

## Digital et réseaux sociaux : bouleversement des dynamiques et promotion ciblée en direct

L'émergence d'Internet et du digital a transformé en profondeur les stratégies de promotion. Autrefois, la visibilité d'un livre reposait presque entièrement sur des canaux traditionnels (via les services de presse, passages télévisés, critiques dans les journaux, etc.) L'auteur, quant à lui, dépendait totalement de son éditeur pour sa promotion, éditeur lui-même tributaire des médias traditionnels pour assurer la promotion de ses titres.

Aujourd'hui, cette dynamique a changé. Les réseaux sociaux, blogs littéraires et plateformes numériques offrent un accès direct au lectorat et une émancipation à la presse et médias classiques. L'autoédition s'est démocratisée également grâce à des outils comme Wattpad ou Amazon KDP, et les campagnes numériques permettent aux éditeurs et auteurs indépendants de se passer des canaux traditionnels. Les publicités digitales sur les réseaux sociaux ou les sites spécialisés reproduisent à moindre coût l'impact des affiches ou annonces presse, avec un ciblage plus précis grâce aux algorithmes. Ces outils offrent une solution abordable et efficace, même pour les petites structures.

La révolution digitale redéfinit aussi les rôles dans les maisons d'édition. Si l'attaché de presse occupait historiquement une place centrale, le *community manager* (gestionnaire de communautés) est désormais indispensable. La présence active d'un éditeur sur Instagram ou TikTok, ainsi que des partenariats avec des créateurs de contenu, est devenue aussi stratégique qu'un article dans un grand magazine.

Les auteurs eux-mêmes sont devenus des acteurs majeurs de leur promotion. Ils cultivent leur communauté, partagent leurs actualités et interagissent avec leurs lecteurs. Cette collaboration active entre éditeur et auteur est essentielle pour maximiser la visibilité, notamment lors d'initiatives comme les révélations de couverture en primeur, devenues incontournables.

### *Les avantages du marketing digital*

L'essor du numérique a transformé la promotion en édition, rendant des stratégies autrefois coûteuses accessibles aux petites maisons et auteurs indépendants. Le digital démocratise le marketing, permettant aux petits acteurs d'émerger dans un marché compétitif grâce à :

- des coûts réduits ;
- un ciblage ultra-précis ;
- une grande flexibilité ;
- et des résultats mesurables.

## Influence et followers : une nouvelle dynamique promotionnelle

Les influenceurs littéraires – Bookstagrammeurs, Booktubeurs et Booktokers – sont devenus des leviers promotionnels majeurs. Leur authenticité et leur proximité avec leur communauté en font des prescripteurs efficaces. Un contenu viral peut propulser un livre en tête des ventes pendant des mois.

Les éditeurs collaborent avec ces influenceurs pour créer du contenu exclusif, lancer des éditions limitées ou même les recruter comme auteurs. En s'appuyant sur une audience fidèle et engagée, ces partenariats transforment la promotion en une stratégie communautaire et participative.

Les réseaux sociaux, désormais premiers canaux d'information des lecteurs, surpassent les médias traditionnels en offrant un accès direct aux auteurs et maisons d'édition, comme le montre une étude Babelio[1] révélant que 56 % des lecteurs privilégient ces plateformes pour suivre l'actualité littéraire.

### Complémentarité avec les médias traditionnels

Si les réseaux sociaux dominent la communication éditoriale pour certains genres et lectorats, une stratégie efficace reste pluricanale. Les médias traditionnels conservent leur pertinence, pour certains genres et lectorats.

Chloé Boronad, directrice marketing chez Harper Collins, l'applique dans sa stratégie marketing : « Les réseaux sociaux sont devenus l'un des principaux leviers de communication pour les livres, notamment dans des genres comme la romance. Pour "Harper Noir", en revanche, on va travailler de plusieurs façons, notamment via la communication dans des communautés de lecteurs qu'on va monter sur les réseaux sociaux. Mais pour toucher une autre cible, on va aussi chercher la prescription via des libraires et des journalistes. Pour la non-fiction, on s'appuie beaucoup sur les relations presse et les médias. »

## LES OUTILS DU MARKETING DIGITAL

Le marketing digital repose sur une multitude d'outils qui, ensemble, offrent une approche flexible et ciblée pour promouvoir des ouvrages. Ces outils, adaptés aussi bien aux éditeurs qu'aux auteurs autoédités, permettent d'atteindre des objectifs variés : augmenter les ventes, renforcer la visibilité ou encore établir un lien durable avec le lectorat. Ce tableau présente les principaux leviers digitaux en expliquant leur définition, leurs usages et leurs objectifs. À partir de ces éléments, il est possible de structurer une stratégie efficace qui s'aligne à la fois sur les besoins du marché et sur les spécificités de chaque ouvrage ou maison d'édition.

1. « Romance : les lectrices à cœur ouvert », étude Babelio, mars 2024.

***Tableau 16.1*** *– Les outils du marketing digital et leurs utilités respectives*

| OUTIL | DÉFINITION | USAGES ET OBJECTIFS |
|---|---|---|
| Site internet ou vitrine | Un site internet représentant une maison d'édition ou un auteur, avec des informations sur les titres, les services et des accès professionnels pour libraires et bibliothécaires | 1. Fournir des informations aux lecteurs et partenaires<br>2. Renforcer la présence professionnelle (BtoB et BtoC)<br>3. Améliorer la visibilité en ligne grâce au SEO |
| Site marchand | Site dédié à la vente directe des ouvrages, souvent enrichi de produits exclusifs comme des goodies ou des éditions spéciales (comme les box Charleston) | 1. Augmenter les ventes<br>2. Diversifier les canaux de distribution<br>3. Renforcer le lien avec le lectorat via des offres personnalisées |
| Avis et recommandations clients sur les sites marchands comme Amazon (bouche-à-oreille numérique) | Avis et notes laissés par les lecteurs sur des plateformes d'achat ou de critique influencent fortement les décisions d'achat des autres lecteurs | 1. Renforcer la crédibilité d'un ouvrage<br>2. Encourager les ventes par la validation sociale<br>3. Augmenter la visibilité sur les plateformes grâce à des avis positifs |
| Avis et pub sur sites de critiques et communautés littéraires (Babelio, Goodreads) | Entre réseaux et communautés, permettent aux lecteurs de noter, critiquer et échanger autour des livres. + espaces de publicité ou d'habillage sponsorisés pour les éditeurs | 1. Créer une dynamique participative autour des ouvrages.<br>2. Toucher une audience qualifiée et passionnée<br>3. Générer du contenu autour des livres pour renforcer sa visibilité par son contenu et par segment de lectorat intéressé |
| Publicités display comme annonceurs | Annonces visuelles (bannières, encarts) achetées sur des sites spécialisés ou généralistes | 1. Toucher des audiences spécifiques selon le site<br>2. Accroître la notoriété d'un titre ou d'une collection<br>3. Segmenter l'audience grâce au ciblage des annonces |
| Ads sur les réseaux sociaux | Publicités sponsorisées diffusées sur les plateformes sociales, basées sur des algorithmes et des critères de ciblage avancés | 1. Cibler des lecteurs précis en fonction de leurs centres d'intérêt<br>2. Générer des ventes directes et augmenter la visibilité<br>3. Adapter et optimiser les campagnes en temps réel |

| OUTIL | DÉFINITION | USAGES ET OBJECTIFS |
| --- | --- | --- |
| Newsletter ou info-lettre (marketing direct) | Un canal direct entre un auteur/éditeur et son audience via des emails réguliers contenant des informations, offres ou actualités | 1. Créer une relation privilégiée avec le lectorat<br>2. Promouvoir directement les nouveautés et événements<br>3. Consolider une base de données indépendante de contacts (abonnés) hors des réseaux sociaux |
| SEO (*Search Engine Optimization*) | Techniques pour optimiser le positionnement d'un site web dans les résultats des moteurs de recherche comme Google | 1. Améliorer la visibilité en ligne<br>2. Attirer un trafic qualifié<br>3. Renforcer la crédibilité et l'autorité numérique de l'éditeur ou de l'auteur<br>4. Réduire la dépendance aux publicités payantes |

## *La bande-annonce (BA) ou le* book trailer

Les bandes-annonces de livres sont des outils emblématiques du marketing éditorial contemporain. Elles donnent un avant-goût de l'expérience de lecture sur un support audiovisuel et sont donc particulièrement utilisées en digital et sur les réseaux sociaux.
Elles offrent un avant-goût visuel et immersif, parfait pour capter l'attention et faciliter le partage sur les réseaux sociaux.
Dans l'édition traditionnelle, les trailers sont réservés aux ouvrages avec un fort potentiel commercial ou viral, en raison de leur coût élevé de production.
Aujourd'hui, avec l'essor des outils numériques et de l'IA, produire sa propre bande-annonce est bien plus accessible. De nombreux auteurs, qu'ils soient autoédités ou publiés traditionnellement, se lancent dans l'exercice pour compléter leur stratégie marketing, en s'appuyant sur leur expérience des réseaux sociaux.

## Les audiobooks et ebooks, des outils de promotion transversaux pour le papier

Qui dit marketing digital dit aussi produits numériques. La vente d'audiobooks et d'ebooks passe inévitablement par ces leviers via une forte présence sur les bannières des grands revendeurs numériques comme Kobo ou Amazon. Ces plateformes s'appuient sur leurs algorithmes pour personnaliser l'expérience utilisateur et relayer, via leurs infolettres, des recommandations parfaitement ajustées aux habitudes de lecture et à l'historique d'achat. Mais les formats numériques ne se limitent pas à des ventes : ils amplifient la visibilité globale des ouvrages tous formats confondus. En effet, les mises en avant numériques, telles que les publicités payantes sur Instagram ou les campagnes d'affichages par exemple (comme ce fut le cas pour Audible), agissent comme des projecteurs qui touchent un public bien au-delà des lecteurs habituels de numérique. Cette stratégie renforce non seulement les ventes papier, mais aussi l'image globale de l'éditeur et l'attractivité de son catalogue.

## Les clés pour une newsletter efficace

La newsletter (ou infolettre) est bien plus qu'un simple outil de communication : c'est un lien direct et personnalisé entre un auteur ou un éditeur et son lectorat. Elle permet de nourrir l'intérêt, d'annoncer des nouveautés et de construire une communauté fidèle et engagée, tout en s'intégrant parfaitement dans une stratégie de marketing global. Cependant, pour qu'elle atteigne son plein potentiel, elle doit être soigneusement conçue, tant dans son contenu que dans sa fréquence. Voici quelques principes essentiels pour maximiser son impact.

- **Avoir une vraie ligne éditoriale** : le contenu doit être cohérent, en phase avec l'univers de l'auteur et ce que recherchent les lecteurs.
- **Offrir du contenu exclusif ou à forte valeur ajoutée** : annonces en primeur, chapitres gratuits, interviews d'auteurs, goodies ou promotions réservées aux abonnés, etc.
- **Adapter le contenu selon la cible** : BtoB (libraires, enseignants, etc.) et BtoC (lecteurs) n'ont pas les mêmes attentes. Il est souvent pertinent de segmenter et de proposer des newsletters différentes pour chaque audience.

- **Trouver le bon rythme d'envoi** : une infolettre trop fréquente peut agacer ; trop rare, elle passe inaperçue. Il faut donc trouver l'équilibre qui maintient l'intérêt sans surcharger.
- **Utiliser un design graphique engageant** : un design clair, des visuels attrayants et un format lisible sont essentiels pour capter l'attention rapidement.

Pour les petites structures et les auteurs autoédités, ces outils représentent une chance unique d'émerger dans un marché saturé et sans grands moyens, à condition de maîtriser les codes et les stratégies propres au digital. Cependant, la clé du succès réside dans la capacité à cibler précisément son audience et à choisir les leviers les plus adaptés à ses objectifs : toucher un nouveau lectorat, fidéliser sa communauté ou encore accroître sa notoriété.

Bien pensé, le marketing digital ne se limite pas à vendre des livres ; il crée une expérience globale autour d'un univers littéraire, renforçant ainsi l'engagement des lecteurs. Cela passe notamment par des initiatives innovantes, comme les campagnes de précommande avec goodies, la mise en avant de formats numériques ou encore l'utilisation intelligente des recommandations sur des plateformes spécialisées.

## RÉSEAUX SOCIAUX ET INFLUENCE : UNE NOUVELLE ÈRE LITTÉRAIRE

Les réseaux sociaux – véritable révolution dans l'édition – sont aujourd'hui au cœur de la stratégie de communication des éditeurs et des auteurs. Ils ont profondément transformé la manière dont les livres rencontrent leur public, créant des opportunités inédites de viralité, d'engagement et de proximité avec les lecteurs.

Contrairement aux canaux traditionnels, ils permettent une interaction directe et une réponse immédiate du lectorat tout en permettant une représentation des genres littéraires et types de littérature longtemps boudés par les médias traditionnels.

## *Analyse d'une revolution et remise en question des médias traditionnels*

Dans le documentaire YouTube « Comment TikTok bouleverse l'industrie du livre ? », Jeanne Seignol – alias Jeannot se livre – donne la parole à Augustin Trapenard, critique littéraire et journaliste reconnu. Son témoignage met en lumière deux phénomènes essentiels qui redessinent la promotion littéraire à travers le social média : l'importance de l'émotion dans la critique littéraire et la remise en question d'un certain élitisme traditionnel dans le monde du livre.

Augutin Trapenard partage une anecdote révélatrice : « J'avais vu une vidéo où une jeune fille parlait d'une romance. Mais plutôt que de raconter l'histoire ou de citer l'auteur, elle montrait la couverture du livre avant de filmer un gros plan sur son bras, où l'on voyait ses poils se dresser [...] C'était une manière de prescrire un livre que je n'avais jamais envisagée. »

Ce moment illustre parfaitement qu'une partie du lectorat est sensible à une expérience émotionnelle avant tout. On ne vend plus seulement un récit, mais une sensation, une promesse – littérale en l'occurrence – de frisson.

« Les jeunes doutent de plus en plus de la théâtralisation de l'image. Pour que ce soit authentique, il faut filmer sans fard, avec juste son téléphone. »

Ce retour à l'authenticité met en lumière une fracture entre une nouvelle génération de lecteurs et les formes traditionnelles de prescription. Là où les critiques littéraires institutionnelles misent sur l'analyse et la distance, les créateurs de contenu jouent sur la proximité, l'émotion brute et l'instantanéité. C'est d'ailleurs selon moi ce qui fait la différence entre critique et prescription littéraire.

Mais au-delà de cette évolution, le journaliste souligne aussi la prise de conscience de l'exclusion de certains genres littéraires par les médias traditionnels qui, aujourd'hui, peuvent s'exprimer à travers leurs lecteurs sur les réseaux prouvant leur popularité :

« TikTok a permis à certaines littératures, totalement marginalisées par la presse mainstream, de trouver une caisse de résonance, d'être promues. [...] S'il y a autant de comptes BookTok qui cartonnent sur la romance ou le manga, c'est peut-être aussi parce que nos médias ne s'y sont jamais intéressés. »

Ce témoignage souligne l'importance d'écouter ces nouvelles voix et d'élargir le spectre de ce qui est considéré comme « légitime » dans le paysage littéraire. Il y a là une véritable remise en question de l'élitisme d'un certain milieu :

« Ce "bon goût" a quelque chose à voir avec une culture élitiste, une classe sociale, et une façon d'envisager la littérature qui est violente parce qu'excluante. »
Une observation qui est confirmée par le rapport annuel de l'institut GfK en 2023 qui révèle que 60 % des utilisateurs de BookTok apprécient la plateforme pour son absence de critiques et d'élitisme, ce qui les encourage à découvrir et acheter des livres recommandés par leurs pairs
En valorisant ces genres populaires, BookTok et les réseaux sociaux contribuent non seulement à renouveler les pratiques de prescription, mais aussi à redéfinir ce que l'on considère comme une œuvre digne d'intérêt. Ce n'est pas juste une question de tendances, c'est une nouvelle façon de voir et de vivre la littérature.

# Comprendre les réseaux sociaux pour mieux promouvoir

Les réseaux sociaux ont révolutionné la promotion en édition, offrant des points de contact multiples avec les lecteurs, souvent avec un budget modeste. Cette démocratisation permet à tous les acteurs du livre, quelle que soit leur taille, de se faire une place. Cependant, pour qu'une campagne soit réellement efficace, il est crucial de bien définir son audience, de choisir les bons canaux et d'adopter une stratégie adaptée.

## *L'influence des biais psychologiques sur la promotion*

Les campagnes sur les réseaux sociaux, et plus généralement le marketing digital, reposent sur de nombreux leviers psychologiques.
L'un des plus puissants est le biais de répétition. Ce principe, étudié en profondeur par Amos Tversky et Daniel Kahneman[1], démontre que plus un individu est exposé à une information ou à un produit, plus il développe une familiarité, et donc une préférence, pour celui-ci. Ainsi, plus un lecteur est exposé à un livre, plus il est donc susceptible de l'acheter.

1. Tversky A. et Kahneman D., "Judgment under Uncertainty: Heuristics and Biases", *Cambridge University Press*, 1982.

Ensuite, plus un livre est recommandé, partagé ou mis en avant par d'autres, plus il gagne en crédibilité (preuve sociale). Les gens ont tendance à accorder plus de confiance à ce que leur entourage – ou leur influenceur préféré – apprécie déjà. La force des réseaux est d'instaurer une proximité entre influenceurs et followers, ce qui renforce la crédibilité et le poids des recommandations via les réseaux. Cette proximité est encore plus exacerbée par le phénomène communautaire.
Enfin, les recommandations d'experts ou de figures publiques ont un poids énorme (biais d'autorité). Une critique élogieuse par un écrivain reconnu, par un média influent ou par un influenceur très connu peut transformer les ventes d'un ouvrage. Et que dire du poids quand l'influenceur en question écrit lui-même sa propre œuvre ? De nombreux titres classés bestsellers écrits par des influenceurs le prouvent.

# Comprendre et exploiter les réseaux sociaux selon ses objectifs

Chaque réseau social répond à des besoins spécifiques : Facebook cultive les communautés, Instagram et TikTok favorisent l'émotionnel et le viral, YouTube mise sur l'approfondissement, et LinkedIn valorise l'expertise. En intégrant la viralité et les interactions au cœur de votre stratégie, vous tirez pleinement parti de ces outils pour toucher votre public, amplifier votre message, et fidéliser vos lecteurs. Une approche réfléchie, qui exploite chaque plateforme selon ses forces, est la clé d'un marketing digital réussi.

## Création de communautés engagées

Pour développer une base de lecteurs fidèles, rien de tel que les réseaux qui favorisent l'échange direct et les discussions autour des livres. Facebook, par exemple, se distingue par ses groupes privés, où les passionnés d'un genre ou d'un auteur se rassemblent pour échanger. Ces espaces permettent de cultiver un lien fort avec un lectorat souvent fidèle et actif, notamment pour des genres comme la fantasy, l'horreur ou même pour des communautés entre auteurs.

Twitch, bien que plus orienté gaming, s'impose également comme un outil intéressant pour les amateurs d'imaginaire, de mangas ou de pop culture. Les streams en direct permettent des interactions en temps réel, créant une proximité unique entre auteurs, éditeurs et lecteurs.

## Promotion d'ouvrages visuellement et esthétiquement impactants

Pour les ouvrages qui misent sur leur esthétique – comme les éditions illustrées, les beaux livres ou les coffrets collectors – Instagram est un allié de choix. Avec son focus sur le visuel, cette plateforme est parfaite pour capturer l'émotion d'une couverture, d'une mise en scène ou même d'une citation marquante. Les mises en scène en cosplay, par exemple pour la romantasy, se distinguent. Les stories et reels interactifs permettent de toucher une audience jeune et engagée tandis qu'un feed cohérent renforce le branding global de l'auteur ou de l'éditeur.

## Viralité : transformation des lecteurs en ambassadeurs

TikTok s'est imposé comme une plateforme incontournable pour générer un buzz rapide et spontané autour d'un ouvrage. Grâce à son algorithme axé sur la viralité, même une vidéo publiée par un petit compte peut devenir un phénomène en quelques heures. C'est la magie du phénomène #BookTok, où des lecteurs enthousiastes partagent leurs coups de cœur avec des millions d'utilisateurs.

Mais la viralité ne se limite pas à TikTok. Sur Instagram, un post bien conçu ou un reel créatif basé sur une musique populaire peut également devenir viral, surtout lorsqu'il s'inscrit dans une tendance ou utilise des hashtags pertinents. De même, un concours peut engager les lecteurs et propulser un livre. Encourager les lecteurs à partager leurs avis, mises en scène ou citations préférées transforme chaque interaction en opportunité de visibilité. Ces initiatives simples renforcent la présence d'un ouvrage et élargissent son audience naturellement.

## L'écoute active de son audience pour mieux communiquer et vendre via les sondages et interactions

Les sondages, questions interactives et commentaires renforcent la relation de proximité avec ses lecteurs tout en fournissant des insights précieux pour maximiser les ventes, comprendre son lectorat et affiner les prochaines campagnes. Sur Instagram, par exemple, les stories permettent de lancer des sondages qualitatifs (questions) ou quantitatifs (sondages). Ces interactions créent un sentiment d'implication chez les lecteurs, qui se sentent écoutés et valorisés.

### Faire valoir son expertise et développer le storytelling

Pour les auteurs ou éditeurs souhaitant s'imposer comme des experts dans leur domaine, LinkedIn est incontournable. Ce réseau est idéal pour le *personal branding*, permettant de mettre en avant des réalisations, de partager des analyses ou encore de réseauter avec des professionnels du milieu. C'est aussi un espace stratégique pour les genres non fictionnels, comme les ouvrages de développement personnel ou les livres business. YouTube se distingue comme un outil puissant pour raconter des histoires et enrichir l'univers des livres. Grâce à ses formats longs et flexibles, il permet de donner vie aux récits, d'approfondir l'expérience des lecteurs et de transformer la promotion en une aventure captivante.

## Connaître les spécificités des audiences et contenus de chaque réseau

Chaque réseau social a sa propre dynamique, son public et ses codes. Il est donc capital de bien comprendre à qui on parle pour ne pas se tromper de canal de communication. Selon les données de Statista 2024, la répartition des utilisateurs varie considérablement d'une plateforme à l'autre, que ce soit en termes d'âge ou de sexe.

Avant de créer du contenu, il est crucial de savoir où se trouve son public cible tout comme bien comprendre son fonctionnement, les types de contenu à prioriser sur ces différents réseaux et le fonctionnement des différents algorithmes. Il est impératif d'adapter ses messages, et donc son contenu, pour chaque audience et type de réseaux.

# LES FORMES DE PROMOTION SUR LES RÉSEAUX SOCIAUX

Les réseaux de sociaux ne sont pas des espaces publicitaires classiques. Ici, tout repose sur l'authenticité, les interactions, la proximité et l'engagement.

Créer une communauté et apporter de la valeur grâce à notre contenu est primordial. Il existe deux formes de contenus sur les réseaux :

- ceux émanant de nous en tant que créateurs de contenus (contenu interne) ;
- et ceux émanant des autres, que ce soient des partenaires, des influenceurs qu'on rémunère ou non pour ce contenu, etc.

# Le contenu organique : pilier du marketing de contenu

Le contenu organique, c'est tout ce qu'on publie nous-mêmes sur nos comptes de réseaux sociaux sans avoir recours à des publicités payantes. Ce type de contenu repose sur l'authenticité, l'interaction, la proximité et l'engagement.

Contrairement à la publicité classique, il ne donne pas l'impression d'être une promotion directe, mais reflète plutôt l'univers, les valeurs et la personnalité de celui qui le crée. C'est une façon subtile de faire passer des messages, tout en établissant un lien de confiance avec son audience. Ce contenu est essentiel parce qu'il construit l'image de marque, engage les lecteurs et permet de créer une communauté fidèle.

Mais pour qu'il soit efficace, il doit être cohérent et s'appuyer sur une ligne éditoriale claire. Le contenu organique est le cœur de toute stratégie de marketing sur les réseaux sociaux.

Il y a autant de types de contenus organiques qu'il y a de types de contenus en ligne que ce soit via les réseaux (posts, etc.) en passant par les blog qui est un format intéressant également pour le SEO.

> ***Définition :*** *La ligne éditoriale, la clé d'un contenu organique efficace*
>
> Une ligne éditoriale, c'est ce qui définit l'identité, le ton et les messages clés véhiculées à travers le contenu. Elle fixe les grands axes thématiques, ou « piliers de contenu », qui guideront toutes les publications. Grâce à elle, on peut garantir une communication cohérente, alignée avec ses valeurs et adaptée à son audience cible. Elle permet également de construire un calendrier éditorial solide.

## L'influence comme levier de promotion

Si créer son propre contenu est essentiel et aide à créer son image au-delà même de nos produits, l'influence permet de passer par des créateurs de contenu externes pour faire de la promotion payante (contenu commandité) ou gratuit comme des partenariats (contre des services presse par exemple). Le bouche-à-oreille reste l'une des meilleures publicités et les influenceurs jouent aujourd'hui ce rôle de prescripteurs modernes. Travailler avec eux permet d'élargir sa portée et de toucher des communautés déjà engagées. Certaines maisons d'édition passent des appels à partenariats avec des formulaires pour recruter des partenaires annuels qui deviendront de véritables ambassadeurs d'une maison d'édition ou d'un *inprint* spécifique.

> ***Conseil :*** *Investir intelligemment dans du contenu commandité*
>
> Pour un retour sur investissement et commandite efficace, il doit y avoir une vraie synergie entre le produit qu'on souhaite promouvoir, notre cible, l'influenceur choisi et son audience réelle. Mieux vaut un micro-influenceur avec un lectorat engagé et en adéquation avec votre ouvrage, qu'un créateur avec une large audience peu concernée par votre genre littéraire.

En somme, ces deux approches sont complémentaires. D'un côté, créer son propre contenu permet de construire une communauté fidèle et de maîtriser son image. De l'autre, faire appel à des influenceurs ou à des partenariats permet d'atteindre une nouvelle audience et de bénéficier de leur crédibilité. L'important est de trouver l'équilibre entre ces deux axes pour maximiser sa visibilité et créer un véritable engouement autour de ses livres.

## Buzz et viralité : quand les lecteurs prennent le relais

Le buzz, c'est le phénomène viral imprévisible de la promotion. Parfois, malgré une campagne rodée et coûteuse, c'est une simple vidéo de 15 secondes réalisée par une lectrice qui déclenche une déferlante et qui conduit, par effet de chaîne, à une visibilité sans précédent et à des ventes. Le bouche-à-oreille numérique, porté par des lecteurs passionnés et des influenceurs, est l'une des promotions les plus efficaces.

**CAS D'ÉDITION**

## *Les secrets du Buzz : ce que nous apprend* Contagion : Comment se créent les tendances *de Jonah Berger*

Dans son ouvrage paru en 2013, Jonah Berger analyse pourquoi certains contenus ou produits deviennent viraux, et nous livre des clés sur les raisons qui font que certains livres deviennent des bestsellers du jour au lendemain tandis que d'autres, tout aussi qualitatifs, sombrent dans l'oubli.

**1. Le capital social.** Les gens partagent des contenus qui les font paraître tendances et qui créent un sentiment d'appartenance. Dans l'édition, *Harry Potter* en est un excellent exemple pour l'énorme communauté que la série détient encore aujourd'hui malgré les scandales de l'autrice.

**2. Les déclencheurs.** Les produits viraux doivent pouvoir être associés à des concepts familiers connus à large échelle. Ces déclencheurs doivent pouvoir revenir facilement dans l'esprit des gens via des références sociétales communes. « *Winter is Coming* » en est un excellent exemple.

**3. L'émotion.** Plus une œuvre suscite de l'émotion, plus elle a de chances d'être partagée. Des ouvrages comme *Les sept maris d'Evelyn Hugo* de Taylor Jenkins Reid et *Et ils meurent tous les deux à la fin* de Adam Silvera ont fait le buzz sur #booktok grâce à leur dimension émotive, qui a conduit à des partages remplis d'émotions de lectrices bouleversées par leur lecture.

**4. La visibilité.** Plus un livre est visible, plus il est discuté. Cette spécificité permet aussi de remettre en perspective les succès des adaptations audiovisuelles et leurs impacts sur les ventes d'un livre à la sortie de son adaptation au cinéma ou sur Netflix.

**5. La valeur pratique.** Les gens partagent des contenus qui ont une utilité pratique. Dans le domaine littéraire, les livres de développement personnel, fonctionnent très bien. Sur LinkedIn par exemple, les ouvrages d'entrepreneurs, comme l'ouvrage de Caroline Mignaux *From Zero to Hero*, sont largement relayés par d'autres entrepreneurs et influenceurs LinkedIn.

**6. Le récit.** Nous retenons mieux une idée lorsqu'elle est racontée sous forme d'histoire, c'est le principe du storytelling. Les livres qui font parler d'eux ont souvent une histoire autour de leur création ou de leur auteur. Après tout, qui ne connait pas la success story de J.K. Rowling, cette mère au chômage ayant imaginé un sorcier durant un voyage en train ?

Appliquer ces principes à la promotion d'un livre permet donc d'aller au-delà des simples campagnes publicitaires. L'idée n'est pas seulement de vendre un produit, mais de créer une expérience autour du livre, de susciter l'émotion et de faire en sorte que les lecteurs deviennent les premiers ambassadeurs de l'œuvre.

## #Booktok, la révolution marketing sans précédent de l'édition

Des livres comme *Le Chant d'Achille* de Madeline Miller ou encore *Un Palais d'épines et de roses* de Sarah J. Maas ont connu un succès renouvelé des années après leur première publication, propulsés par BookTok, sans nouvelles éditions spécifiques ni actualités particulières.

Le phénomène est puissant.

Prenons *It Ends With Us* de Colleen Hoover. Le roman était déjà bien installé, mais c'est grâce à BookTok qu'il a explosé, porté par des milliers de vidéos de lectrices bouleversées à la lecture de cette œuvre traitant des violences conjugales. À ce niveau de viralité, ce n'est plus une recommandation mais une lecture collective et une expérience partagée entre des millions de lectrices.

Arthur de Saint Vincent, directeur général d'Hugo & Cie, revient sur ces nouvelles dynamiques : « Ce qui est fascinant avec Booktok, c'est que c'est presque organique. Les lecteurs s'emparent d'un livre, en parlent de façon virale et, soudain, des titres qui sont parfois sortis il y a plusieurs années reviennent en tête des ventes. C'est exactement ce qui s'est passé pour elle. Ses livres n'ont pas eu besoin d'une relance ou d'une actualité quelconque, c'est la communauté qui les a remis sur le devant de la scène. Cela montre bien que nous sommes dans une nouvelle ère du marketing du livre. Ce sont les lecteurs eux-mêmes qui créent la demande et donnent une seconde vie à des titres qui auraient pu s'endormir dans les rayons. »

Le succès autour de cette autrice démontre parfaitement les nouvelles dynamiques concernant le marketing du livre via TikTok.

En somme, BookTok a révolutionné la façon dont les livres gagnent et conservent leur popularité, mettant en lumière la puissance des recommandations communautaires et l'attrait intemporel des histoires captivantes, peu importe leur date de publication initiale.

## Buzz et viralité : quand les célébrités prennent le relais

Il n'y a pas que les lecteurs qui peuvent créer un véritable buzz autour de certains ouvrages : les célébrités – comme elles l'ont toujours fait – peuvent être des grands influenceurs concernant certains ouvrages. Cependant, les réseaux sociaux permettent de diffuser plus largement des informations, tout comme ces célébrités plus directement avec leur audience.

**CAS D'ÉDITION**

### *Le Reese's Book Club, machine à influence qui a permis de vendre 10 millions d'exemplaires d'un livre*

Le Reese's Book Club, fondé par Reese Witherspoon, a révolutionné l'édition et les adaptations audiovisuelles grâce à son influence sur les réseaux. Chaque livre choisi bénéficie d'un badge distinctif sur sa couverture, synonyme d'un succès potentiel immédiat. Les chiffres parlent d'eux-mêmes : jusqu'à 10 millions d'exemplaires vendus pour certains titres comme pour *Là où chantent les écrevisses* de Delia Owens (source : artdaily.com) qui a fait le buzz sur les réseaux grâce à cette mise en avant. En mettant en lumière des autrices, souvent émergentes, Reese façonne une plateforme inclusive qui donne la parole à de nouvelles voix. De plus, son club crée une véritable communauté VIP, où les lectrices profitent d'échanges exclusifs avec les autrices et de discussions passionnantes. La clé de cette réussite réside aussi dans le cross-média : sa société Hello Sunshine adapte de nombreux livres en séries ou films, renforçant leur rayonnement et touchant un public encore plus large.
D'autres figures, comme Oprah Winfrey avec son célèbre Oprah's Book Club ou même Emma Watson avec son Our Shared Shelf, utilisent également ce concept, prouvant l'incroyable puissance des clubs de lecture de célébrités. Ces clubs, combinés à l'influence des stars qui les ont créés, sont des leviers puissants de vente de livres.

# Le buzz, une stratégie marketing jamais garantie

Le buzz sur les réseaux sociaux peut naître de manière spontanée, mais il peut aussi être favorisé par des stratégies réfléchies qui touchent à l'émotion et à l'expérience partagée. Ce phénomène dépasse souvent les intentions initiales, transformant une simple campagne ou une action ponctuelle en un mouvement collectif capable de propulser les ventes d'un ouvrage.

Prenons l'exemple de Vicky Ball, une autrice britannique dont un simple tweet sincère, exprimant sa joie d'avoir vendu deux livres, a touché les lecteurs. Ce moment d'authenticité a généré un élan viral, propulsant ses ouvrages dans les tops des ventes (source : *Le Parisien*).

Cependant, le buzz peut aussi être favorisé par des campagnes astucieuses et bien pensées. L'exemple d'*Un cœur à Noël* de Sophie Jomain aux éditions Auzou en est la preuve éclatante. Ce concept de romance de l'Avent, avec un chapitre à « ouvrir » – littéralement – et lire chaque jour, a su captiver les lectrices en les impliquant dans une véritable aventure collective. Chaque jour, elles partageaient leur impatience et leurs émotions sur les réseaux sociaux, transformant la lecture en une lecture communautaire. En créant un produit pensé pour susciter l'engagement, l'éditeur et l'autrice ont donné vie à une campagne qui a dépassé la simple promotion, propulsant l'ouvrage au rang de bestseller.

Mais attention, si certains buzz peuvent propulser un auteur ou un livre, la plupart du temps, ça reste exceptionnel. On peut orchestrer des campagnes, lancer des teasers ou jouer sur l'émotion, mais il n'y a jamais de garantie. Il faut qui plus est manier cela avec précaution car le buzz peut être à double tranchant s'il est négatif.

# Le bad buzz, le revers de la médaille

Le bad buzz, amplifié par la *cancel culture*, peut gravement nuire à un auteur ou un éditeur. L'exemple de J. K. Rowling, critiquée pour ses nombreux propos problématiques sur la communauté transgenre, montre l'impact durable d'une polémique : bien que ses ventes restent élevées, son image publique a été ternie, poussant certains lecteurs à boycotter ses œuvres.

D'autres bad buzz, bien que moins graves, peuvent aussi affecter la réputation. Les stickers Netflix ou TikTok imprimés sur des couvertures, jugés inesthétiques, ou encore des erreurs de traduction dans des ouvrages attendus, suscitent régulièrement l'indignation des lecteurs sur les réseaux sociaux.

Ces incidents, qu'ils soient majeurs ou modestes, montrent qu'une accumulation de maladresses peut éroder progressivement la confiance et la perception globale d'un auteur ou d'un éditeur.

Comprendre les rouages du buzz marketing permet de mieux cerner le lectorat et ses attentes. Il est essentiel de rester en veille, d'observer ce qui fonctionne et pourquoi.

## FICHE PRATIQUE

### Construire une stratégie optimale sur les réseaux sociaux

Quand on parle de stratégie réseaux sociaux dans l'édition : cohérence, alignement avec ses objectifs et son lectorat sont la clé. Beaucoup d'auteurs et d'éditeurs se lancent sur tous les réseaux à la fois, mais sans direction claire. Ils diluent les efforts, perdent du temps et de l'énergie pour peu de résultats, voire pour des résultats contreproductifs.

- **Choisir les bons réseaux pour la bonne cible.** Tous les réseaux n'ont pas le même public ni les mêmes objectifs. Chaque réseau a sa stratégie, ses codes et ses objectifs.
- **Connaître ses objectifs pour mieux adapter son contenu.** Qu'attendez-vous de votre présence sur les réseaux ? Votre contenu doit être pensé pour votre cible et en fonction de vos objectifs (vente, création de communautés, etc.).
- **Travailler votre ligne éditoriale et vos piliers de contenu.** Votre communication doit être cohérente avec votre mission, vision et valeurs. Soyez sur les réseaux qui comptent vraiment. À moins d'avoir un *community manager*, investissez-vous au départ pleinement dans un ou deux réseaux plutôt que de vous éparpiller. Personnellement, j'ai choisi d'investir principalement Instagram et LinkedIn parce que c'est là que je trouve mes clients et mon audience.
- **Engager sa communauté et lui poser des questions.** Plutôt que de poster pour poster, privilégiez la qualité et l'interaction.

↓

- **Faire une veille sur les réseaux et rester alerte.** En marketing, il est impératif de toujours se tenir informés sur les tendances, les actualités et les concurrents afin d'anticiper et d'être le plus agile possible.
- **Regarder vos statistiques et notamment le taux d'engagement**. Le nombre de likes ou d'abonnés n'est pas toujours le plus important sur les réseaux, le taux d'engagement est le plus parlant pour voir si votre contenu plait et crée de l'interaction. De plus, il est important de bien analyser ses statistiques.

# LES NOUVEAUX HORIZONS DE LA PROMOTION DU LIVRE

Le marketing livre ne se limite plus à des campagnes classiques. Avec les évolutions numériques, de nouveaux outils et approches émergent, permettant de toucher les lecteurs autrement, en les impliquant activement et en créant notamment des expériences immersives et de nouvelles manières de promouvoir les œuvres et les auteurs.

## Le podcast ou balado : un outil sous-exploité pour promouvoir le livre

Avec 37 % des Français qui écoutent des podcasts (2023, Statista) et 84 % des Québécois qui consomment du contenu audio chaque mois (IDBOOX), le podcast s'impose comme un médium clé en pleine croissance. Son potentiel publicitaire est également impressionnant : 77 % des auditeurs se renseignent sur un annonceur après écoute et 70 % envisagent un achat (selon Les Makers). Pourtant, son usage dans le marketing du livre reste largement sous-exploité, bien qu'il offre une flexibilité unique : promouvoir un ouvrage ou enrichir son univers narratif.

Le podcast joue un rôle à la fois promotionnel et d'extension narrative. En effet, véritable outil marketing, il permet de créer un lien direct avec une audience tout en insérant des publicités ciblées ou des contenus sponsorisés. C'est une stratégie utilisée aussi bien pour valoriser des auteurs que des maisons d'édition. Par ailleurs, certains podcasts enrichissent l'expérience littéraire en développant l'univers des livres ou en explorant des thématiques associées. Par exemple, des récits audios adaptés de romans captivent les lecteurs tout en les fidélisant.

Malgré sa sous-exploitation dans l'édition, on distingue deux types de contenus podcasts (ou balados) émergeants, l'un par des auteurs qui souhaitent fédérer des communautés autour d'autres auteurs, et l'autre des maisons d'édition qui partagent en BtoB ou BtoC les secrets de l'industrie.

Le balado offre plusieurs possibilités aux différents acteurs du livre :

- pour les auteurs, se faire repérer et publier grâce à une communauté fidèle ;
- pour les éditeurs, capter une audience jeune et engagée, tout en explorant des stratégies transmédia complémentaires.

Des autrices comme Margot Dessenne (*Les Mots Raturés*) ou Élise Giraudau (*Micro Écriture*) ont utilisé leurs podcasts pour fédérer une communauté d'autres auteurs et, par extension, de lecteurs, ainsi que pour se faire repérer par des éditeurs.

Plusieurs types de balados émergent également à l'initiative d'acteurs du livre :

- *Les Voix du Livre* de Dunod et Livres Hebdo valorisent les coulisses de l'édition ;
- les salons du livre (Montréal, Paris) prolongent leurs événements via des podcasts ;
- les éditeurs adaptent des podcasts en livres, comme *Les couilles sur la table* de Victoire Tuaillon (Points).

Le podcast partage aussi une affinité naturelle avec le livre audio. Les plateformes comme Spotify ou Audible intègrent ces deux formats, attirant une audience habituée aux récits audio. Certaines œuvres, comme *La Disparition de Stéphanie Mailer* de Joël Dicker, exploitent ce lien pour offrir des expériences immersives, capturant à la fois les amateurs de podcasts et les lecteurs. Sous ce format, le polar a évolué. La comédienne Ana Girardot a expliqué à *Télérama* qu'elle a voulu réaliser ce podcast comme un film, mais au lieu de la caméra elle avait un micro. Il y a donc des possibilités d'extension et d'adaptation transmédia via ce médium.

Le podcast devient même un vivier de jeunes auteurs pour certains types de livres, notamment dans le bien-être et le business.

## Le transmédia et le cross-média : des leviers incontournables

Dans un monde où les récits dépassent les limites d'un seul format et où le lecteur veut vivre une expérience unique et un approfondissement des univers qu'il apprécie, le transmédia et le cross-média redéfinissent la manière de promouvoir et de consommer les œuvres littéraires. Ces stratégies prolongent l'expérience narrative tout en élargissant l'audience, en exploitant les spécificités de chaque média pour créer des univers riches et interconnectés. Combinées à une stratégie de promotion cohérente, elles sont devenues des piliers incontournables du marketing éditorial moderne.

- Le **cross-média** consiste adapter une œuvre sur différents supports sans enrichir l'univers narratif. Par exemple, les adaptations audiovisuelles de *Harry Potter, Millénium* ou encore *Le Seigneur des Anneaux* relèvent du cross-média. Les novélisations, comme *Stranger Things,* fonctionnent à l'inverse en transformant des œuvres audiovisuelles en livres.

- Le **transmédia** va plus loin en créant du contenu original sur plusieurs médias. Chaque support apporte une nouvelle perspective enrichissant l'histoire. L'univers Harry Potter illustre bien cette approche avec des spin-off (*Les Animaux Fantastiques*), des pièces de théâtre (*Harry Potter et l'Enfant Maudit*) et des jeux vidéo (*Hogwarts Legacy).*

Le cross-média élargit donc l'audience en adaptant une œuvre à différents formats, tandis que le transmédia, quant à lui, engage durablement une communauté en enrichissant l'univers et en créant de nouveaux points d'entrée pour le public.

De toute évidence, les adaptations audiovisuelles sont devenues des leviers essentiels pour prolonger la vie des livres et leur donner une nouvelle visibilité.

Selon une étude française, 65 % des livres adaptés voient leurs ventes augmenter dans les douze mois suivant la sortie de l'adaptation[1].

Elles ont deux impacts majeurs sur le lectorat :

- elles captent de nouveaux publics qui découvrent l'histoire par le film ou la série avant de se tourner vers le livre ;

- elles renforcent l'attachement des premiers lecteurs qui voient leur passion partagée et validée.

1. « Les adaptations cinématographiques et audiovisuelles d'œuvres littéraires », *CNL*, 26 juin 2023.

Par exemple, les campagnes autour de *Hunger Games* ou *Twilight* ont profité à la fois aux romans et aux adaptations audiovisuelles, créant une synergie promotionnelle.

Les adaptations s'autonourrissent puisque :

- les éditions *tie-in* (les couvertures des adaptations audiovisuelles) ravivent l'intérêt pour une œuvre et augmentent sa visibilité ;
- les différentes adaptations se retrouvent dans des lieux de vente différents élargissant la portée et la notoriété de l'œuvre (en librairie et grâce à sa couverture, un livre avec la *tie-in* fait de facto de la publicité pour le film) ;
- les annonces et sorties de films génèrent un engouement qui booste les ventes du livre original ;
- ce sont entre médias : par exemple, un joueur découvrant l'univers d'*Assassin's Creed* via un jeu vidéo peut être incité à lire les livres pour prolonger l'expérience.

> *La théorie de la nostalgie médiatique, explication du phénomène ?*
>
> Cette théorie suggère que les adaptations captivent en jouant sur le souvenir positif de l'œuvre originale. Le public ressent souvent une émotion nostalgique en revisitant une histoire qu'il connaît sous une nouvelle forme. Une façon finalement de vouloir revivre l'émotion de leur premier contact avec la saga[1].

# Les plateformes participatives d'écriture : entre réseaux sociaux et levier marketing

Les plateformes de lecture participatives comme Wattpad, Fyctia, Fanfiction.net ou Archive of Our Own ont transformé le paysage littéraire en mêlant dynamique communautaire et création. Elles offrent aux auteurs émergents une visibilité inédite et transforment les lecteurs en acteurs clés du succès éditorial. Ces plateformes de plus en plus populaires mêlent création communautaire (les lecteurs participent activement à l'expansion des univers) et promotion

1. Davis F., *Yearning for Yesterday: A Sociology of Nostalgia*, Free Press, 1979.

indirecte (elles maintiennent l'intérêt pour les œuvres originales et attirent de nouveaux publics).

Elles représentent une convergence innovante entre les réseaux sociaux et le marketing littéraire. Dans cet écosystème, les lecteurs jouent un rôle central, transformant la manière dont les histoires sont découvertes, partagées et promues tout comme pour le développement du financement participatif. Je ne ferai pas ici de différences entre les fanfictions (œuvres prenant pour base des univers et personnages fictifs connus qui n'appartiennent pas à l'auteur en question) et les textes originaux disponibles sur Wattpad par exemple. En termes de marketing les deux fonctionnent assez similairement.

En combinant les mécanismes des réseaux sociaux avec la création littéraire, ces plateformes redéfinissent les stratégies de promotion :

- les histoires populaires peuvent rapidement gagner en visibilité grâce aux partages et aux recommandations des utilisateurs ;
- les retours immédiats des lecteurs permettent aux auteurs d'ajuster leurs récits, augmentant ainsi l'engagement et la satisfaction du public ;
- la relation directe entre auteurs et lecteurs favorise une fidélité accrue, essentielle pour le succès à long terme.

Ces outils permettent ainsi aux auteurs et éditeurs de tester et promouvoir leurs récits tout en consolidant leur base de lecteurs :

- les votes, commentaires et partages mesurent le potentiel commercial d'un texte (Anna Todd a publié *After* sur Wattpad, rassemblant une communauté massive avant de devenir un succès mondial) ;
- en s'impliquant dans la création, les lecteurs se sentent valorisés, renforçant leur fidélité ;
- les lecteurs engagés deviennent naturellement les premiers acheteurs des livres publiés.

**CAS D'ÉDITION**

### *Fyctia, un laboratoire d'innovation et de fidélisation au service du marketing éditorial*

Développée par les éditions Hugo & Cie, Fyctia est une plateforme d'écriture qui joue aussi un rôle clé dans le marketing éditorial. Son fonctionnement repose sur une approche participative où les lecteurs votent pour leurs textes favoris, influençant ainsi les choix de publication. Loin d'être un simple espace de partage, Fyctia sert de laboratoire pour identifier les tendances littéraires émergentes et tester l'engouement autour d'un livre avant sa publication. Ce processus permet à l'éditeur de s'assurer que les œuvres publiées bénéficient déjà d'une base de lecteurs engagés, augmentant ainsi leurs chances de succès en librairie. En moyenne, un livre issu de Fyctia se vend à plus de 7 500 exemplaires (source : entrevue) preuve que cette stratégie contribue à fidéliser un lectorat et à propulser de nouveaux auteurs. La plateforme met ainsi en place un véritable parcours, de la lecture gratuite en ligne à l'achat du livre final, optimisant la conversion des lecteurs en acheteurs.

Avec ce modèle, Hugo & Cie exploite les dynamiques du divertissement interactif pour rapprocher auteurs et lecteurs tout en adaptant son offre aux attentes du public.

## Le financement participatif : digital, viralité et engagement sans précédent

Le financement participatif via des plateformes comme Kickstarter, Ulule ou Patreon réinvente les pratiques éditoriales. Plus qu'un simple moyen de lever des fonds, il mobilise des communautés, teste l'attrait d'un projet et crée une dynamique commerciale avant même la publication. Ce modèle repose sur la participation directe des lecteurs, qui deviennent des contributeurs engagés. Il est de facto beaucoup utilisé par des auteurs autoédités, petits et grands, même si certaines maisons d'édition commencent à lever des fonds par ce biais. À titre d'exemple, Brandon Sanderson, auteur réputé de fantasy, a levé plus de 41 millions de dollars via Kickstarter en 2022 pour financer quatre romans inédits. Il a battu le record de financement via crowdfunding à date dans l'édition.

Par son modèle, le crowdfunding mêle ventes directes et promotion d'un produit par extension de son auteur.

- Il permet à des projets spécifiques, souvent jugés trop risqués pour le circuit traditionnel, de voir le jour. Il permet aussi aux créateurs de tester l'intérêt d'un projet auprès d'une communauté avant sa production, réduisant ainsi les risques financiers.
- Il segmente naturellement l'offre : les niveaux de participation et les contreparties permettent de cibler différents segments (collectionneurs, lecteurs numériques, passionnés de luxe, etc.).
- Il crée une viralité communautaire : les contributeurs deviennent des ambassadeurs du projet, renforçant la visibilité du projet mais aussi du créateur.
- Il fait évoluer le produit et l'offre en fonction des paliers de participation ce qui permet une personnalisation accrue du produit et un engagement renforcé des contributeurs.

Chaque campagne est une opportunité marketing de mettre en lumière l'univers d'un livre et de capter l'attention. Grâce à des vidéos percutantes, des visuels soignés et des descriptions engageantes, l'auteur ou l'éditeur transforme une idée en un événement marketing à part entière. Ces campagnes, avant tout digitales, nécessitent une stratégie solide : identifier les bons leviers, cibler le bon public et créer des contenus capables de générer de la viralité. Cet effet boule de neige, amplifié par le partage et l'engagement des participants, renforce non seulement la participation mais aussi la visibilité globale du projet.

**CAS D'ÉDITION**

## *Le Seigneur des Fourneaux, un crownfunding réussi*

Gastronogeek, alias Thibaud Villanova, est une figure emblématique de la cuisine geek, reconnue pour sa capacité à fusionner gastronomie et cultures de l'imaginaire. Sa présence digitale est significative, avec plus de 317 000 abonnés sur YouTube et une chaîne Twitch active, témoignant de son influence auprès de la communauté geek. Il avait auparavant publié des livres de cuisine sous licence dans des grandes maisons traditionnelles et avait cumulé plus de 600 000 exemplaires vendus de ses ouvrages.

En 2024, il a lancé une campagne Ulule pour son projet *Le Seigneur des Fourneaux*, un livre de recettes inspiré de l'univers du *Seigneur des Anneaux*. La campagne – savamment orchestrée avec notamment une vidéo YouTube d'annonce et des relais auprès des fans – a été un véritable triomphe, récoltant plus de 500 000 euros en quarante jours, soit 1 373 % de l'objectif initial fixé à 40 000 euros.
Ce succès illustre comment une stratégie digitale bien orchestrée, combinée à une communauté fidèle, peut transformer une idée en phénomène éditorial.

Les contributeurs ne sont pas de simples acheteurs : ils deviennent des partenaires pleinement investis dans la réussite du projet. Ce lien privilégié avec l'auteur ou l'éditeur les transforme en ambassadeurs actifs dès les premières étapes de la création. En soutenant un projet, ils ne se contentent pas de financer une idée, mais cherchent également à en assurer la concrétisation. Leur implication émotionnelle les pousse à partager le projet dans leur entourage, générant une viralité que des campagnes marketing classiques peinent souvent à atteindre. Ces projets, souvent issus de niches passionnées ou de collections ciblées, trouvent un écho particulier auprès de communautés fidèles, un public idéal pour les créateurs indépendants ou les produits originaux.

Des plateformes comme Ulule regorgent de ces projets inspirants où, chaque campagne, même modeste, devient une véritable aventure éditoriale. Pour les créateurs indépendants, ces réussites représentent bien plus qu'un simple financement : elles offrent une validation de leur travail et un lien privilégié avec leurs lecteurs. Certaines campagnes, sans le soutien du financement participatif, n'auraient d'ailleurs jamais bénéficié d'une communication aussi virale si le projet était sorti en édition traditionnelle sous une autre forme. Cet outil est donc bien plus qu'un simple moyen de financement : c'est une stratégie marketing redoutable qui, lorsqu'elle est solidement pensée et exécutée, peut propulser un projet bien au-delà de ses objectifs initiaux.

# La promotion immersive et interactive, l'avenir du livre

L'objectif de cette réflexion est de dresser un portrait global des possibles évolutions de l'édition et de la promotion du livre.

## La réalité augmentée : enrichir l'expérience de lecture

La réalité augmentée (RA) offre déjà des moyens d'enrichir les expériences de lecture, par exemple avec des animations 3D ou des éléments interactifs accessibles via des applications. À l'avenir, pourquoi ne pas imaginer des livres dont la promotion ou le contenu exploiterait pleinement ces technologies ? Cela répondrait à une demande des lecteurs pour des expériences plus immersives et expérientielles. La RA permettrait de combiner découverte visuelle et émotionnelle, un levier puissant pour capter l'attention et fidéliser un public.

## Les NFTs : monétisation et exclusivité

Les NFTs (*tokens non fongibles*) permettent d'acquérir des objets numériques uniques, tels que des illustrations, des chapitres inédits ou des extraits exclusifs. Pour les auteurs et les éditeurs, cela représente une nouvelle façon de monétiser du contenu tout en créant un sentiment d'exclusivité et en fidélisant une communauté de lecteurs.

Bien que ce soit encore un marché naissant, les NFTs pourraient devenir un levier clé pour proposer des contenus supplémentaires ou collectors, adaptés aux lecteurs passionnés à la recherche d'expériences uniques.

## Le métavers : explorer les livres autrement

L'édition dans le métavers est un sujet qui suscite beaucoup de curiosité. Cet espace numérique immersif, où les utilisateurs peuvent interagir dans des environnements virtuels, offre des opportunités fascinantes pour la fiction et sa promotion. L'idée n'est plus seulement de lire un livre, mais de l'explorer et de le vivre pleinement.

## Vers une expérience complète et ciblée

L'avenir de l'édition et de la promotion semble s'orienter vers une recherche d'expériences complètes et inédites, capables de toucher un public à la fois large et diversifié, tout en restant ciblées dans leurs actions promotionnelles.

Des campagnes numériques et réseaux sociaux, vecteurs de proximité et de viralité, aux approches plus immersives et modernes, chaque outil ouvre de nouvelles perspectives pour engager les lecteurs et prolonger leur expérience littéraire.

Cependant, ces innovations révèlent un constat fondamental : au cœur de ces stratégies, l'auteur joue un rôle central. Plus qu'un simple créateur d'histoires, il devient une figure de proue, un levier essentiel du marketing. Son authenticité, sa personnalité et la manière dont il partage son univers avec sa communauté façonnent autant, sinon davantage, le succès d'un livre que les outils eux-mêmes.

C'est pourquoi, pour moi, l'édition ne repose pas sur les 4P traditionnels du marketing (produit, prix, points de vente, promotion), mais bien sur 5P, le cinquième étant la personnalité (de l'auteur). C'est elle qui alimente et structure le marketing mix en édition aujourd'hui. Dans le prochain chapitre, nous verrons comment cette personnalité de l'auteur et son *personal branding* sont devenus les piliers d'une stratégie marketing efficace et incontournable.

# CHAPITRE 17

# Le P de personnalité : l'auteur au cœur du marketing éditorial

## Points clés

- **Le P de personnalité place l'auteur au centre du marketing mix,** en faisant de lui bien plus qu'un simple créateur : une marque à part entière. Son identité, son histoire et sa connexion avec le public influencent directement le produit, le prix, la distribution et la promotion.
- **Aujourd'hui, les lecteurs ne se contentent pas d'une œuvre, ils recherchent une relation authentique avec l'auteur.** Ce cinquième P devient un pilier stratégique incontournable pour fidéliser et engager les lecteurs dans une industrie en pleine mutation.
- **La cohérence entre l'auteur et son œuvre renforce l'attachement des lecteurs**, faisant de la personnalité de l'auteur un prolongement naturel de ses créations.
- **La montée des réseaux sociaux et des influenceurs amplifie ce phénomène,** transformant la personnalité de l'auteur en un levier d'engagement communautaire et de différenciation commerciale.

Aujourd'hui, le monde de l'édition gravite pleinement autour de l'auteur. Si son œuvre demeure essentielle, elle ne suffit plus à garantir le succès. Ce qui fait la différence, c'est la manière dont l'auteur se raconte, partage son univers, et crée une connexion émotionnelle avec son public, transformant ainsi chaque lecture en une rencontre singulière et intime.

Et pourtant, ce phénomène n'a rien de nouveau. L'auteur a toujours été central, mais là où son rôle se limitait autrefois à une présence publique ou médiatique sporadique, il est aujourd'hui amplifié et quotidien grâce aux réseaux sociaux. Désormais, l'auteur n'est plus seulement un créateur : c'est une personnalité forte, une marque à part entière, façonnée par son histoire, ses valeurs et ses interactions avec son audience.

## LA MARQUE AUTEUR, UN CONCEPT CLÉ

La notion de marque auteur peut être définie comme l'ensemble des éléments qui construisent l'identité d'un auteur aux yeux de son public. Ce concept va bien au-delà de ses œuvres et englobe :

- son histoire personnelle et les valeurs qu'il véhicule ;
- son storytelling, c'est-à-dire la manière dont il construit et partage sa propre narration (et donc son histoire) ;
- sa communication, qu'elle passe par ses livres, ses réseaux sociaux ou ses interviews ;
- sa capacité à fédérer une communauté : un lien émotionnel fort qui fait de lui une figure incontournable dans l'univers de ses lecteurs ;

L'auteur n'est donc pas seulement un créateur, mais aussi une figure publique et un vecteur d'univers. Cette stratégie, consciente ou non, positionne l'auteur comme un acteur clé de la promotion de ses œuvres, et parfois même comme une raison principale d'achat pour ses lecteurs.

De cette dynamique, le nom de l'auteur prend une dimension marketing à part entière, devenant un argument commercial qui transcende l'œuvre elle-même. Lorsqu'un auteur devient un nom connu, il peut porter une reconnaissance immédiate et influencer les ventes.

Un exemple marquant est celui d'auteurs bestsellers comme J.K. Rowling (Robert Galbraith) ou Stephen King (Richard Bachman), dont les ventes ont explosé une fois leur véritable identité révélée. Leur nom n'est pas qu'un mot, il incarne une promesse et un repère pour les lecteurs.

Comme toute marque, la marque auteur repose également sur des éléments visuels reconnaissables : la typographie utilisée, le design des couvertures... tout participe à ancrer son identité dans l'esprit du public.

Ainsi, Joël Dicker, même après avoir lancé sa propre maison d'édition, a conservé l'identité graphique de ses livres : le fond blanc, la police, les types d'illustration et le design en trois parties, assurant ainsi une continuité et un repère graphique rapide en points de vente pour ses lecteurs.

Ces choix ne sont pas anodins. Ils assurent une continuité visuelle qui facilite l'identification pour les lecteurs, déjà habitués à associer ce style à son univers.

Attribuer des traits humains à une marque renforce donc l'attachement émotionnel et la fidélité. En édition, ce concept va plus loin : l'auteur, en tant qu'humain, incarne sa marque. Les lecteurs achètent bien plus qu'un produit, ils investissent dans une relation avec une personne, via ses œuvres, ses réseaux ou ses événements. Des auteurs comme Stephen King, dont le nom domine ses couvertures, montrent que la marque personnelle devient un argument de vente en soi.

## UNE PERSONNIFICATION DIFFÉRENTE EN FONCTION DU TYPE D'OUVRAGE

Le P de personnalité prend des formes variées selon les genres littéraires, les lectorats et les types d'ouvrages. Chaque cas demande une approche unique pour maximiser l'impact et répondre aux attentes des lecteurs. Si dans certains cas, la personnalité de l'auteur est mise en avant comme un élément clé, d'autres ouvrages privilégieront l'émotion, l'histoire ou l'expertise.

## La fiction, créer une connexion émotionnelle avec l'auteur

Dans la fiction, l'attachement émotionnel à l'auteur est essentiel. Les lecteurs veulent connaître la personne derrière les mots : ses inspirations, sa vision du monde et ce qui a nourri son écriture. Cette connexion est renforcée par les réseaux sociaux et les événements littéraires, où les auteurs peuvent partager leur univers de manière authentique.

Comme l'explique Olivier Moreira, éditeur chez Michel Lafon Publishing : « La personnalité, ce n'est pas juste un nom ou une photo, c'est une connexion. Les lecteurs suivent une personne, pas juste une œuvre. Et cette personne, ils veulent qu'elle soit cohérente avec ce qu'elle écrit et ce qu'elle représente. »

En fiction, la personnalité de l'auteur contribue également à la construction d'un univers qui dépasse l'œuvre elle-même. Cela se traduit par des franchises littéraires ou des adaptations audiovisuelles, qui prolongent et amplifient l'impact de l'histoire originale. Cette influence, bien que parfois moins directe, est tout aussi déterminante pour fédérer un public fidèle. L'auteur devient le cœur d'un écosystème narratif, renforçant l'attachement des lecteurs.

## La non-fiction, mettre en avant l'expertise, les parcours de vie et l'authenticité

En non-fiction, la personnalité de l'auteur est souvent au cœur de la proposition de valeur, notamment dans les livres pratiques, les autobiographies ou les essais. Ici, deux styles coexistent.

**L'expertise et la crédibilité**. Pour des ouvrages techniques ou spécialisés, l'auteur doit prouver sa légitimité sur le sujet. Cependant, même dans ce cadre, le storytelling peut être un atout. Par exemple, dans les ouvrages destinés à des entrepreneurs ou des scientifiques, le parcours personnel de l'auteur devient un élément marketing clé.

**L'humanisation et la sincérité.** Dans les ouvrages de parcours de vie, de bien-être, ou de développement personnel, l'auteur doit aller au-delà de l'expertise et partager ses expériences de manière sincère et engageante. Les lecteurs ne recherchent pas uniquement des solutions, mais aussi des valeurs et des parcours auxquels s'identifier. L'auteur devient alors un guide dont la personnalité et les méthodes sont aussi importantes que le contenu du livre.

Chloé Boronad directrice marketing chez Harper Collins, le résume ainsi : « En non-fiction, le parcours de l'auteur est la clé. C'est ce qui attire l'intérêt des lecteurs et des médias. Chez Harper Collins, nous croyons beaucoup au pouvoir des récits de vie pour rendre un sujet captivant. Par exemple, Heïdi Sevestre, glaciologue, c'est son expertise et son parcours de vie qui font qu'on va s'intéresser à son sujet. »

### *Le cas particulier des guides ou manuels techniques*

Cependant, dans des collections axées sur une thématique forte ou une gamme spécifique (comme les guides ou les manuels), l'expertise et le sujet priment souvent sur la personnalité. L'idéal reste de combiner les deux, en s'appuyant sur un auteur à l'expertise solide, complétée si possible par une petite audience déjà engagée.

## Les influenceurs devenus auteurs : un modèle hybride

Dans la non-fiction contemporaine, un phénomène croissant est celui des influenceurs qui deviennent auteurs. Ici, le P de personnalité précède l'œuvre elle-même. Ces auteurs, déjà établis sur les réseaux sociaux, construisent leur succès sur une relation directe et engageante avec leur communauté. Pour ces profils, le livre est souvent une extension de leur univers, un objet qui renforce leur image et leur proximité avec leurs abonnés.

Olivier Moreira note à ce sujet : « Les influenceurs transforment leur audience en lecteurs fidèles. Leur authenticité perçue et leur interaction constante avec leur communauté font du livre un produit qui leur ressemble, et c'est ce qui attire. »

# LA PERSONNALITÉ, AU CŒUR DE TOUS LES ASPECTS DU MARKETING MIX

Dans l'édition, la personnalité de l'auteur ne se limite pas à son image ou à son identité : elle influence directement les autres leviers du marketing mix. Ce cinquième P que j'ajoute à la formule classique illustre à quel point l'auteur, en tant que marque, est devenu central dans toutes les décisions stratégiques. Son influence dépasse largement le cadre de sa propre visibilité et impacte l'ensemble de la chaîne de valeur du livre. Il devient également un vecteur d'image pour l'éditeur, en bien ou en mal, selon la personnalité éditée.

## La personnalité et le produit : l'œuvre comme extension de l'auteur

Le produit éditorial n'est pas seulement un livre, c'est l'univers de l'auteur lui-même. La personnalité de celui-ci façonne le contenu, le ton et même les choix éditoriaux.

Mais au-delà du contenu, la marque auteur influence également les décisions des éditeurs quant aux projets qu'ils choisissent de publier. Dans un secteur où la concurrence est féroce, la marque auteur n'est plus qu'un simple atout : elle conditionne carrément – et de plus en plus souvent – le choix des projets éditoriaux. Un auteur qui a su construire une image forte et une communauté engagée devient un levier commercial, garantissant une base de lecteurs prête à suivre ses nouvelles publications. C'est d'ailleurs la stratégie choisie de plus en plus par certains auteurs pour attirer l'attention des éditeurs et être publiés.

De plus, la montée des influenceurs édités reflète cette dynamique. Des figures comme Léna Situations, Natoo, Major Mouvement ou Inoxtag montrent que les éditeurs privilégient des auteurs déjà établis dans l'esprit du public. Ces auteurs, grâce à leur réputation et leur capacité à mobiliser une audience, influencent donc directement la production éditoriale.

Si les influenceurs édités suscitent parfois des critiques, leur présence dans le secteur éditorial est loin d'être anecdotique. Au-delà des idées reçues, ces projets montrent qu'il est possible de produire des œuvres sincères, engageantes et créatives, tout en respectant les attentes du lectorat. Comme l'explique Olivier Moreira, éditeur de projets tels que *Amour Solitaire de Morgane Ortin* ou *Pulsions de Kyan Khojandi*, ces livres ne se contentent pas de capitaliser sur une notoriété : ils incarnent des projets portés par une vision forte et une véritable démarche artistique.

## AVIS D'EXPERT

***Olivier Moreira**, éditeur pour Michel Lafon Publishing*

### QU'EST-CE QUI DISTINGUE UN PROJET ÉDITORIAL RÉUSSI PORTÉ PAR UN INFLUENCEUR ?

- **Des projets portés par une vision sincère.** L'engagement de l'auteur dans son projet est essentiel pour qu'un livre dépasse le statut de simple produit. Ces projets ne sont pas uniquement des outils de promotion personnelle. Ils traduisent une réelle volonté de partager un univers, une expertise ou une histoire. « Le succès d'un auteur comme Inoxtag, c'est avant tout que lui avait envie de le faire. C'était dans son ADN. Comme pour Major Mouvement : ce sont des gens qui vivent leur projet et savent pourquoi ils le font. »
- **Une créativité au service de l'audience.** Les meilleurs projets éditoriaux d'influenceurs naissent souvent d'une réflexion sincère sur ce que le public attend et mérite. Les lecteurs ne veulent pas qu'un auteur les « exploite » mais qu'il leur offre une expérience enrichissante, fidèle à l'univers qu'ils suivent. « Morgane Ortin, avec Amour Solitaire, avait des années de contenu derrière elle. Elle a su sortir un livre qui était sincère, artistique, et qui faisait sens avec son projet numérique. »
- **Une communauté mobilisée et impliquée.** Les influenceurs qui réussissent dans l'édition s'appuient sur des communautés engagées et prêtes à soutenir leur démarche. Le livre devient alors bien plus qu'un simple objet : il est perçu comme un symbole d'attachement entre l'auteur et ses lecteurs. « Ce sont des gens qui ont souvent donné énormément de contenu gratuit à leur communauté. Et, tout d'un coup, on leur dit : Si tu veux montrer ton attachement à cette personnalité, à cet univers, tu as ce livre que tu peux acheter. Là, évidemment, tout le monde se précipite. »
- **Une nouvelle dynamique dans l'édition.** Pour les éditeurs, miser sur des auteurs déjà connus permet de répondre à une demande existante tout en garantissant une visibilité commerciale. Mais cette approche peut aussi être synonyme d'innovation et de créativité : « Le livre permet à ces auteurs de sortir de leur public habituel et d'aller chercher d'autres publics. C'est une façon de renouveler leurs projets tout en conservant leur authenticité. »

La montée des influenceurs dans l'édition n'est pas qu'un effet de mode. Pour des projets comme ceux cités, le livre est une opportunité de prolonger une relation avec leur communauté tout en produisant une œuvre qui a du sens. Ces auteurs ne se contentent pas de leur notoriété : ils l'utilisent pour créer des projets sincères, engageants et véritablement créatifs, prouvant que l'alliance entre influence et édition peut être porteuse de qualité.

## La personnalité et le prix : justifier une valeur perçue supérieure

La personnalité de l'auteur joue également un rôle clé dans la détermination du prix. Les lecteurs sont prêts à payer plus cher pour un ouvrage signé par un auteur qu'ils admirent ou auquel ils sont attachés émotionnellement parce que la valeur perçue va être plus importante et qu'ils souhaitent qui plus est soutenir. Par exemple, des éditions limitées ou des ouvrages signés peuvent se vendre à des prix élevés, précisément parce qu'ils incarnent une part de l'auteur. Également il va y avoir des prix moyens particuliers et des stratégies de prix appliqués par chaque éditeur sur leurs différents bestsellers ou sur certains auteurs.

## La personnalité et le point de vente : attirer l'attention dans un espace saturé

La personnalité de l'auteur influence également la mise en avant des livres en points de vente. Dans les librairies ou les grandes surfaces, les ouvrages d'auteurs à forte notoriété bénéficient souvent d'une exposition privilégiée. Les noms qui résonnent auprès du public attirent l'attention et génèrent un intérêt immédiat.

De plus, certains auteurs déjà connus passent par des ventes directes via sociofinancement, à l'instar de Brendon Sanderson ou Gastronogeek, ou via des boutiques dédiées spécifiques tels qu'Inoxtag avec sa boutique élargie avec d'autres produits dérivés.

# La personnalité et la promotion : un levier émotionnel puissant

En matière de promotion, la personnalité de l'auteur est un atout majeur. Là où les campagnes traditionnelles s'appuyaient sur les médias, le digital et les réseaux sociaux permettent désormais aux auteurs d'être les premiers ambassadeurs de leurs œuvres. Les lecteurs ne se contentent plus de consommer un livre : ils suivent l'auteur, interagissent avec lui, et partagent ses contenus, créant ainsi une viralité organique.

Des stratégies comme les *cover reveals* (révélations de couverture), les lives sur Instagram ou les campagnes sur BookTok montrent à quel point les auteurs peuvent mobiliser leur communauté pour promouvoir un ouvrage. Le succès d'un livre n'est donc plus seulement une affaire de contenu, mais aussi de connexion et d'engagement. Aujourd'hui, les auteurs sont bien plus que des créateurs de contenu : ils participent activement à leur propre promotion.

**CAS D'ÉDITION**

## *Le succès d'Inoxtag et la stratégie autour de son manga*

Inoxtag, créateur de contenu bien connu, est un exemple frappant de l'impact de la marque auteur dans le cadre d'un projet éditorial. Avec la sortie du premier tome de son manga *Instinct*, il a déployé une stratégie promotionnelle et commerciale qui illustre parfaitement comment un auteur peut exploiter sa marque personnelle pour maximiser l'impact de son produit.

### *Une stratégie multicanale et immersive*

Inoxtag a utilisé plusieurs leviers pour assurer le succès de son manga.

- La vente directe via son propre site internet : en créant un canal de distribution dédié, il a pu s'adresser directement à sa communauté sans passer exclusivement par les réseaux traditionnels de vente, ce qui a maximisé ses profits et renforcer la proximité avec ses fans.
- Une annonce spectaculaire et un trailer impressionnant : pour promouvoir son manga, Inoxtag a réalisé une vidéo tournée au Japon tout en partageant un trailer animé. Ce choix a non seulement marqué

sa communauté, mais a aussi renforcé la crédibilité de son projet en ancrant son œuvre dans l'univers qu'il souhaitait honorer.
- Des collaborations stratégiques : au même moment, il a lancé une collection de vêtements avec la marque Célio, qui a permis de toucher un public encore plus large. Cette association entre mode et édition montre comment une marque auteur peut transcender les frontières de son domaine initial pour devenir un phénomène commercial global.
- Prix et perception de la valeur : le prix de son manga a également été pensé en lien direct avec sa communauté.

### *Trois produits et une stratégie tarifaire différenciée*

Trois sortes de produits ont été proposées en exclusivité en précommande sur le site dédié dans un premier temps : une édition standard et deux box collectors à des prix différents, chacune offrant des contenus exclusifs. Cette stratégie a permis d'élargir la cible avec une gamme de prix variée, rendant le produit accessible à différents segments de sa communauté, de renforcer l'attachement émotionnel des fans grâce aux éditions limitées, qui sont devenues des objets de collection, et de créer un sentiment d'urgence et de rareté, incitant à l'achat rapide et contribuant à la viralité de la campagne.

### *Un cas d'école pour l'édition moderne*

L'exemple d'Inoxtag illustre parfaitement comment une marque auteur peut influencer chaque aspect du marketing mix.

- Le produit : un manga enrichi par des éditions exclusives et un univers personnel.
- Le prix : une gamme différenciée qui maximise l'accessibilité et la valeur perçue.
- Le point de vente : une plateforme de distribution directe permettant de toucher son public sans intermédiaire.
- La promotion : une stratégie cross-média et des collaborations marquantes.

En combinant ces éléments, Inoxtag, son agence Webedia et sa maison d'édition Michel Lafon ont su transformer un projet éditorial en un événement marketing majeur, prouvant que la personnalité de l'auteur est devenue un levier stratégique essentiel dans l'édition moderne. Le succès fut retentissant avec plus de 400 000 exemplaires vendus deux mois après sa sortie.

Le P de Personnalité redéfinit donc tous les aspects du marketing mix dans l'édition. En influençant le produit, le prix, le point de vente et la promotion, il s'impose comme un pilier central dans une industrie où l'émotion, la proximité et l'engagement sont devenus essentiels. La marque auteur est donc bien plus qu'un atout : elle est un fondement stratégique dans la réussite des œuvres et l'établissement d'un lien durable avec les lecteurs.

# Conclusion

J'espère que cet ouvrage vous aura permis d'explorer le vaste monde du marketing et de la commercialisation du livre avec un regard neuf, et peut-être même de vous réconcilier avec ces notions parfois perçues comme antagonistes à la création. Pourtant, je suis convaincue que marketing et créativité ne sont pas des ennemis, mais bien les deux faces d'une même pièce. Ensemble, ils façonnent la réussite d'une œuvre en amplifiant son message, en la connectant à son public et en lui permettant de vivre pleinement.

Le livre est une création unique, un objet porteur d'émotions, de savoirs et d'histoires. Mais il est aussi un produit qui doit trouver sa place dans un marché en constante évolution. Aujourd'hui, les innovations comme l'autoédition, le crowdfunding, les réseaux sociaux ou encore le trans et le cross-média ont redessiné les contours de cette industrie. Ces nouveaux outils ne sont pas seulement des moyens de vendre : ils sont des leviers pour toucher l'âme des lecteurs, pour prolonger leur expérience et, surtout, pour créer des liens durables et sincères.

Cet ouvrage a été écrit avec cette idée en tête : vous donner les clés pour naviguer dans cet univers en mutation, où créativité et stratégie doivent travailler main dans la main. En tant que consultante et passionnée du livre, je vois chaque jour comment ces nouvelles dynamiques enrichissent le monde de l'édition, et combien elles permettent de repousser les limites de ce que l'on croyait possible.

Ce qui me passionne dans le marketing, c'est cette capacité à transformer un livre en une expérience complète, à connecter une œuvre à son public, et à permettre à chaque créateur de partager son univers avec le monde. Le marketing n'est pas une opposition à l'art : c'est une façon de lui donner une voix plus forte, une portée plus large, et une vie plus longue.

Je vous remercie d'avoir pris le temps de lire cet ouvrage. J'espère qu'il vous aura inspiré, éclairé, ou donné l'envie d'explorer plus loin les possibilités infinies du marketing du livre. Si vous souhaitez continuer la conversation ou découvrir davantage de ressources sur le sujet, vous pouvez me retrouver sur mes réseaux sociaux où je partage régulièrement réflexions, conseils et actualités autour de l'édition et du marketing.

Je propose également des formations, des conférences et du consulting pour accompagner auteurs, éditeurs et professionnels du milieu dans leurs stratégies de commercialisation et de marketing. N'hésitez pas à me contacter pour discuter de vos besoins et projets.

Merci de m'avoir accompagnée dans ce voyage au cœur de la commercialisation du livre. Et surtout, souvenez-vous : chaque livre a une âme, et le marketing est l'art de lui permettre de briller.

Séléna Bernard

# Remerciements

Je tiens à remercier de tout cœur toutes les personnes qui ont contribué à la création et à la publication de ce livre. Merci aux professionnel·les qui ont généreusement offert de leur temps précieux pour enrichir ce manuel, ainsi qu'à celles et ceux qui, tout au long de mon parcours, ont nourri mon expérience et affiné mon expertise dans le domaine de l'édition francophone.

Un merci particulier à Delphine, Églantine, à ma maison d'édition, aux équipes de diffusion et à toutes les personnes qui œuvrent, souvent dans l'ombre, à faire de ce livre une réalité et qui le rendent visible.

Merci également à toutes celles et ceux qui soutiennent ce projet, qui le partagent, qui en parlent, qui lui offrent de la visibilité et qui l'achèteront : votre appui est précieux et fait toute la différence.

Et surtout… merci à mes proches. Pour les encouragements silencieux – et moins silencieux –, les facilitations de temps et d'énergie, la patience, l'écoute et l'amour inconditionnel pendant ces (très) longues heures de travail. Je vous aime profondément et je suis chanceuse de vous avoir dans ma vie.

# Des livres de Marketing/Communication aux éditions DUNOD

Adary A., Amiot L., *Communication et marketing responsables*, 2e éd., 2024

Allary J., Balusseau V., *La Publicité à l'heure de la data*, 2018

Aribaud F., Tréguer J.-P., *Le Silver marketing*, 2016

Aurier P., Sirieix L., *Marketing de l'agroalimentaire*, 3e éd., 2016

Bailly S., *Maîtriser les techniques rédactionnelles*, 2e éd., 2023

Barbaray C., *Satisfaction, fidélité et expérience client*, 2016

Batat W., *Luxe et expérience client*, 2017

Bernard S., *Marketing et commercialisation du livre*, 2025

Billiet S., *Les Relations publics*, 2e éd., 2017

Bô D., Guével M., Lellouche R., *Brand culture*, 2e, 2019

Bourgeon-Renault D. (dir.), *Marketing de l'art et de la culture*, 3e éd., 2024

Bregeon de Saint-Quentin V., Lemercier B., *Le Grand Livre du marketing culinaire*, 2019

Briones E. (dit Darkplanneur), Casper G., *La Génération Y et le Luxe*, 2014

Briones E. (dit Darkplanneur), *Luxe et Digital*, 2016

Briones E. (dit Darkplanneur), *Le choc Z*, 2020

Cally E, *Réussir ses relations médias*, 2024

Canevet F., Gambatto G., *Le Growth Hacking*, 3e éd., 2024

Canevet F., *Dopez votre business avec les chatbots*, 2020

Chevalier M., Mazzalovo G., *Management et Marketing du luxe*, 3e éd., 2015

Claeyssen Y., Housez B., *L'E-mail marketing*, 4e éd., 2017

De Barnier V., Joannis H., *Marketing et création publicitaire*, 4e éd., 2016

Delvallée J., Hodin R, *Le consommateur, éternel infidèle ?* 2021

Durand S., *Storytelling*, 2e éd., 2018

Durand S., Lecombe J., *Diversité et inclusion*, 2023

Florès L., *Mesurer l'efficacité du marketing digital*, 3e éd., 2021

Frochot I., Legoherel P., *Marketing du tourisme*, 4e éd., 2018

Gallopel-Morvan K. *et al.*, *Marketing des associations*, 3e éd., 2021

Gautier A., *Marketing de la banque et de l'assurance*, 3e éd., 2023

Gentina É., *Marketing et Génération Z*, 2016

Gillibert S., Cassignol F., Creusy O., *Design Branding*, 2016

Gotteland D., Boulé J.-M., Haon C., *L'Innovation : de l'idée au lancement*, 2017

Gouliaéva O., Dosquet É., Moysan Y., *La Révolution des assistants vocaux*, 2020

Guerrieri A., Dosquet É., Dosquet F., *Le Marketing mobile*, 2016

Gurviez P, Raffin S., *Nudge et Social Marketing*, 2019

Julien A., Gautier A., *Marketing de la banque et de l'assurance*, 3e éd., 2023

Larceneux F., Parent H., *Marketing de l'immobilier*, 3e éd., 2018

Larranaga E., Soulard L., *Le Retail face aux nouveaux modes de consommation*, 2018

Legoherel P., Poutier É., *Revenue Management*, 2e éd., 2017

Libaert T., *Le plan de communication*, 6e édition, 2023

Libaert T., Suart J., *Pilotez votre communication*, 2019

Marrone R., Gaillic C., *Le Grand Livre du marketing digital*, 2e éd., 2020

Meyronin B., *Manager l'expérience client-collaborateur*, 4e éd., 2020

Michel G., *Au cœur de la marque*, 4e éd., 2022

Montmory S., *L'IA au service du marketing*, 2024

Mouton D., Paris G., *Pratique du merchandising*, 4e éd., 2019

Perruchot-Garcia V., *Dynamiser sa communication interne*, 2e éd., 2016

Pommeray D., *Le Plan marketing-communication digital*, 2016

Ray D., Sabadie W., *Marketing relationnel*, 2016

Rieunier S., *Marketing sensoriel et expérientiel du point de vente*, 5e éd., 2022

Rieunier S., *Réussir sa collecte de dons*, 2025

Ries A, Trout J., *Les 22 lois du marketing*, 2021

Salesses L. *et al.*, *Management et marketing de la mode*, 2e éd., 2020

Toucheboeuf M., *Optimisez votre visibilité web*, 2017

Truphème S., *L'Inbound Marketing*, 2e éd., 2021

Truphème S., *Content Marketing*, 2019

Vaublanc G., *Image, réputation, influence*, 2019

Vaublanc G., Riou A., *Construire une marque forte*, 2024

# À propos de l'autrice

Séléna Bernard est consultante en stratégie, développement d'affaires et marketing, spécialisée dans le secteur culturel francophone – et tout particulièrement dans le monde du livre. Elle accompagne maisons d'édition, diffuseurs, libraires, festivals, institutions et acteurs créatifs du secteur culturel dans leurs projets de transformation, de positionnement et d'innovation.

Elle intervient également comme formatrice en entreprise, dans des universités, des écoles spécialisées, ainsi que lors de grands événements professionnels à travers la francophonie.

Elle a notamment piloté la programmation du SLM Pro 2024 (Salon du livre de Montréal – volet professionnel) et animé la 17e Rencontre interprofessionnelle du secteur du livre, organisée par l'Association des libraires du Québec, qu'elle accompagne également en conseil stratégique et sur le développement de la formation continue.

En savoir plus : www.selenabernard.com

Elle est aussi coach en stratégie de carrière littéraire auprès d'auteurs et d'autrices édités ou autoédités. Elle les aide à structurer leur trajectoire, développer leur visibilité, négocier avec justesse et prendre leur place dans un secteur en mutation.

Elle partage ses conseils et réflexions sur Instagram et LinkedIn, sous le nom @etsionenparlaitvraiment. Infos : www.etsionenparlaitvraiment.com

Très engagée pour le leadership féminin dans les industries culturelles, elle est depuis 2025 vice-présidente d'Allia, l'Alliance des femmes dans les industries culturelles et créatives.

Elle lutte activement contre le harcèlement et le mansplaining, et propose des accompagnements dédiés, des formations, des ateliers et des conférences sur ces enjeux.

Elle est notamment reconnue pour son expertise en *personal branding*, marketing digital et innovation éditoriale.

N'hésitez pas à la contacter : elle est toujours ravie d'échanger, créer des ponts et faire rayonner les projets qui ont du sens.

86937 - (I) - OSB 80° - NOC - MPN
Imprimerie CHIRAT - 42540 Saint-Just-la-Pendue
Dépôt légal : juin 2025 - N° 202505.0022
*Imprimé en France*